프로바둑강좌 · 고급이상 8

# 달아나지 말고 넘어가라

9단 武宮秀樹 지음
프로바둑연구회 편

太乙出版社

# 머리말

대마(大馬)도 길이 끊기면 꼼짝없이 죽게 되는 경우가 많다. 바둑 격언(格言)중에 '대마불사(大馬不死)'라는 말이 있다. 글자 그대로 '대마(大馬)는 죽지 않는다'는 말이다. 그러나 이 말의 숨은 뜻을 이해해 보면 '대마(大馬)'란 '길(道)이 많은 말(馬)'이라는 뜻을 가지고 있다. 사방으로 뻗어나갈 수 있는 길(道)을 많이 확보하고 있는 말(馬)이라는 뜻이다.

하지만 제아무리 대마(大馬)라 하더라도 한 군데도 뻗어나갈 길이 없고 보면 역시 전도(前道)가 막막할 수밖에 없다. 만약에 자체적으로 두 집을 확보하고 있지 못할 경우에는 사활전(死活戰)에 목숨을 걸어야만 한다.

바둑에 있어서 맥이 중요한 위치를 차지하고, 또한 근처의 원군(援軍)과 연락을 취할 수 있는 수단이 강조되는 까닭은 바로 '쫓기는 입장'을 덜어내기 위함이다.

이 책은 쫓기는 아군(我軍)을 근처의 원군(援軍)과 연결시키는 기술을 다룬 바둑의 고급 응용 가이드이다.

처음부터 한 문제 한 문제씩 풀어나간다면 의외로 당신의 기력 (棋力)은 몰라보게 향상이 될 것이다.

저자 씀

# 차　례 *

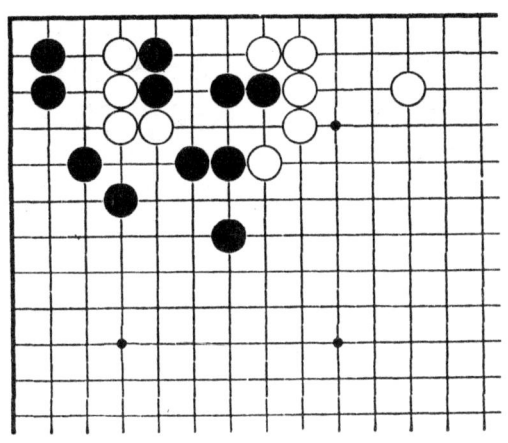

# 제 1 문

## 백이 먼저 둘 때

흑에게 갇힌 백 4점이 어떻게 하면 오른쪽의 백과 연락을 취할 수 있느냐 하는 것이 이 문제의 주요 안건이다.

백은 끊음수를 이용하여 흑의 약점을 위협하는 것이 효과적이라고 본다.

제일 중요한 것은 첫 착수를 어디에다가 두느냐 하는 것이다.

자, 그렇다면 올바른 수순은 어떻게 되는가?

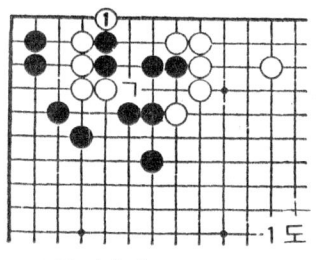 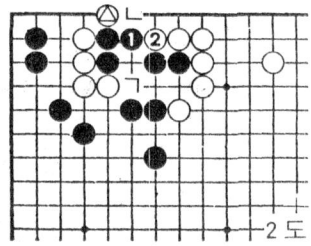

1 도 (정석)

백 1 이 정석이다.

백에게는 백ㄱ의 수가 있지만 백 1 로 두기 전에 백ㄱ에 두어 버리면 넘지 못한다.

2 도 (계속)

백△에 흑 1 로 응수하면 그때 백 2 로 나간다. 다음에 백ㄱ의 수가 있으므로 흑은 ㄴ등으로 끊을 여유가 없다.

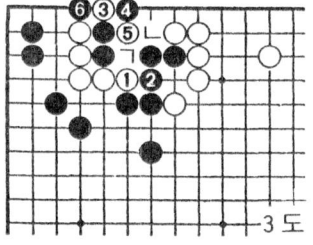 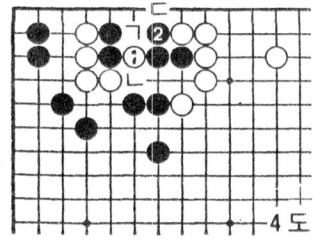

3 도 (실패)

먼저 백 1, 흑 2 를 교환해 버린 다음에 백 3 으로 끊으면 흑 4 로 막고 백 5 로 두면 흑 6 으로 백 한점을 따내 백은 그대로 죽고 만다. 백ㄱ에 두면 흑ㄴ, 백ㄴ에 두면 흑ㄱ이 된다.

4 도 (실패)

백 1 은 흑 ㄱ으로 응수하면 백ㄴ에 두려는 것이지만, 흑은 ㄱ으로 응수하지 않고 2 로 응수하는 수가 있어 백은 죽는다.

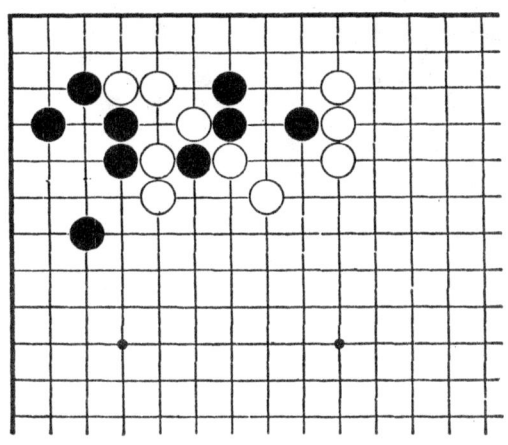

# 제 2 문

## 흑이 먼저 둘 때

이 그림은 상당히 재미있는 문제이다.

흑이 백의 울타리를 과연 어떻게 빠져 나가느냐 하는 것이 주요 포인트이다.

흑의 입장에서는 무엇보다도 급소를 찾아야 한다. 급소를 공격하지 않으면 백의 억압에서 헤어나지 못할 수도 있다.

그렇다면 과연 이 문제의 정석은 무엇인가?

수를 찾아 보자.

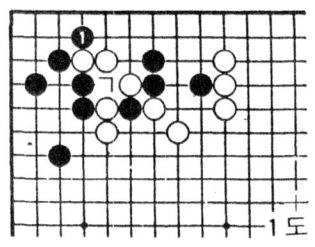

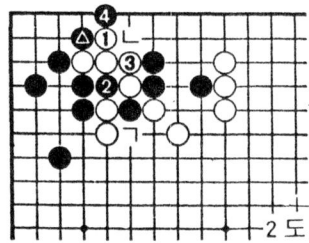

1 도 (정석)

흑 1 이 정석이다.

흑ㄱ으로 두기 전에 먼저 흑 1 로 젖혀두는 것이 중요한 수이다. 하지만 초보자들은 먼저 흑ㄱ에 두기가 쉽다.

2 도 (계속)

흑▲에 대해 백 1 로 막으면 흑 2 로 뻗는다. 그러면 백 3의 자충수가 불가피하므로 흑 4 로 넘는다.

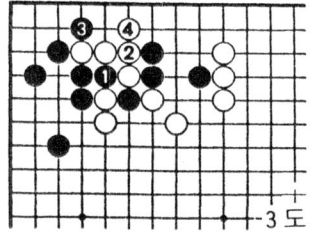

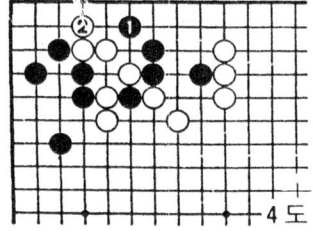

3 도 (실패)

수순을 잘못하여 먼저 흑 1 과 백 2 를 교환하고 나서 흑 3에 두면 백 4 를 당해 흑은 넘지 못한다. 흑 1 과 백 2 의 교환이 없으면 백 4 는 성립하지 않는다.

4 도 (실패)

흑 1 의 마늘모 붙임 수도 백 2 로 응수하면 넘지 못한다. 흑이 넘어가기 위해서는 오직 2 의 곳에 젖혀 두어야 한다.

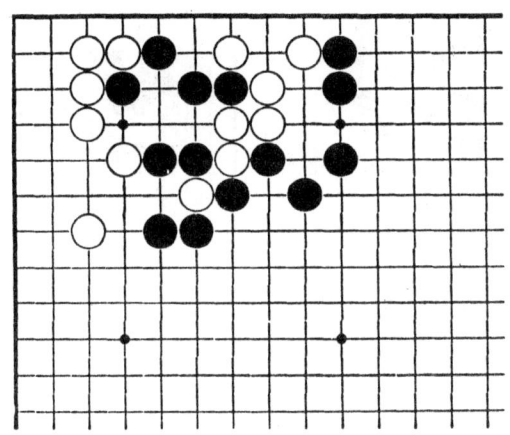

# 제 3 문

**백이 먼저 둘 때**

이것은 매우 재미있는 문제이다. 만약 맥에 관한 지식이 있는 독자라면 충분히 이 문제의 해답을 찾아낼 수 있을 것이다. 이 문제를 풀기 위해서는 넘어가는 묘수를 이용해야 한다.

그렇다면 수읽기의 힘을 이용하여 적정한 수순을 강구하는 수 밖에 없다.

과연 올바른 수는?

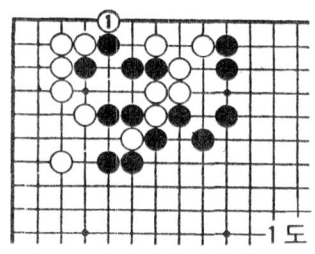

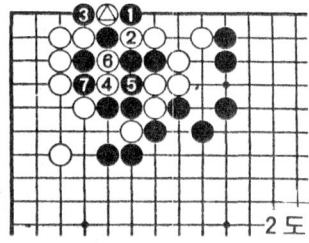

1 도 (정석)

백 1 이 정석이다.   이 백 1 의 노림은 흑을 자충으로 유인해서  넘어가려 하고 있다.

2 도 (계속)

백△에 흑 1, 백 2, 흑 3 은 필연적인 것이다. 여기서 백 4, 흑 5 다음 백 6 의 두점으로 키워서 버리는 것이 즐겨 사용되는 수법이다.  그리고 흑 7 로 백 두점을 때린다.

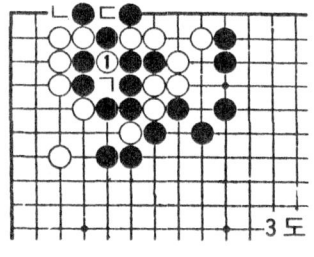

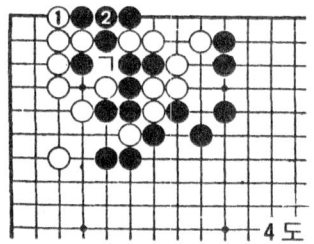

3 도 (계속)

계속해서 두 점을 때린 자리에 백 1 로 먹여친다.  흑ㄱ으로 때렸을 경우 백ㄴ으로 막으면 흑은 ㄷ으로 이을 수가 없다. 왜냐하면  연단수로 몰리기 때문이다.

4 도 (패)

백 1 에 흑 2 로 잇는 것은 백ㄱ의 두점으로 키워서  버리는 수가 있어 악수가 되므로,흑ㄱ으로 이어 패를 만들어야 한다.

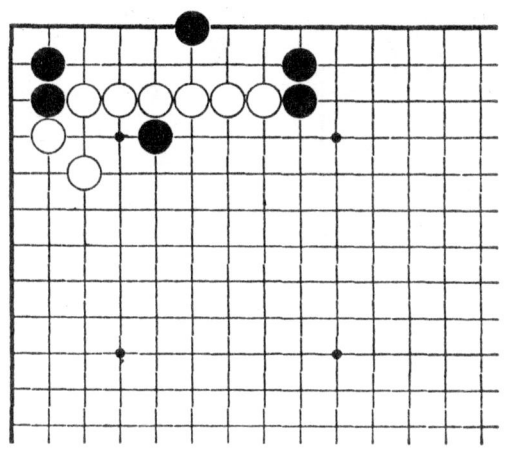

# 제 4 문

### 흑이 먼저 둘 때

이 문제는 그다지 어려운 문제는 아니지만, 그렇다고 초보자로서는 그리 쉽게 풀 수 있는 문제가 아니다.

넘어가는 맥수에 관해서 철저하게 공부를 해두자.

이 문제에 대해서는 수읽기의 힘을 이용하여 적정한 수순을 찾아 보도록 하자. 수는 반드시 있다. 날카로운 눈으로 살펴 보자.

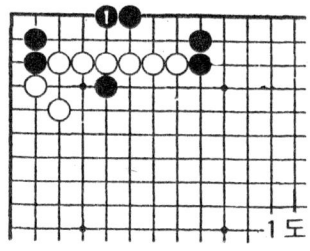 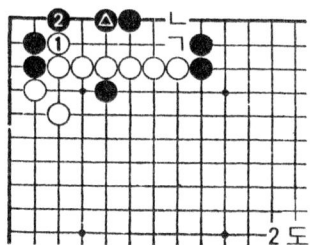

1 도 (정석)

흑 1 이 정석이다.

이 흑 1 로 흑은 넘어가게 된다. 흑 1 의 위력으로 흑은 결국 좌우동형(左右同形)이 되어 왼쪽과 오른쪽이 연결된다.

2 도 (계속)

흑⬆에 백 1 이면 흑 2 이다.

마찬가지로 오른쪽도 백ㄱ으로 두면 흑ㄴ이 된다.

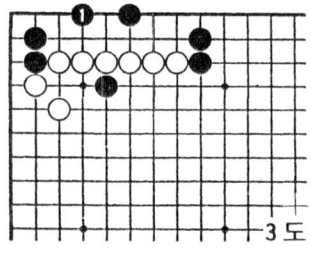 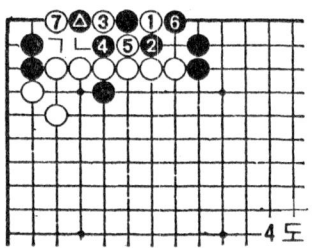

3 도 (실패)

이 흑 1 은 겉 보기에는 좋은 수인 것 같지만 나쁘다.

그 이유는 4 도에 나타나 있다.

4 도 (계속)

흑⬆에는 백 1 로 나간다.

흑 2 는 절대적이다. 백 3 에는 흑 4 이고 백 5 에는 흑 6, 다음 백 7 이다. 흑ㄱ에 두어도 백ㄴ으로 패가 되어 버린다.

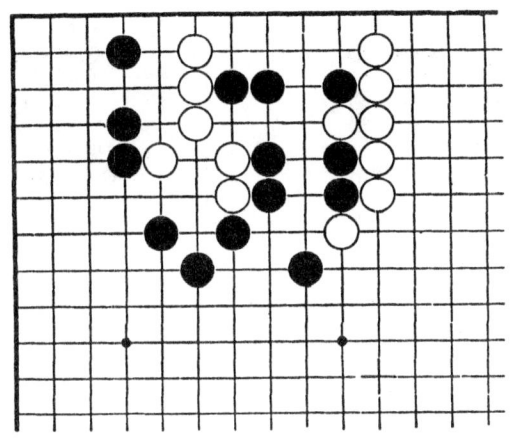

# 제 5 문

**백이 먼저 둘 때**

혹에게 갇힌 백 여섯점과 밖의 백 세력이 연락을 취하기 위해서는 어떤 수순을 밟아야 할까?

이 문제는 그다지 어려운 문제는 아니지만, 그렇다고 함부로 생각한다면 결코 성공을 거둘 수가 없다.

실전에서도 자주 나오는 유형의 문제이므로 철저하게 마스터해 두기 바란다.

여기에서도 수순이 중요한 위치를 차지한다.

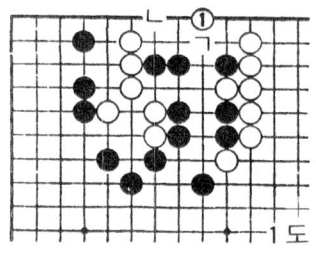

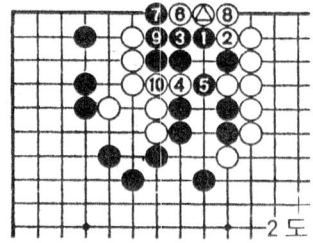

1 도 (정석)

백 1에 대해 흑ㄱ으로 응수하면 2 도가 되고, 흑ㄴ으로 응수하면 3 도가 된다.

2 도 (계속)

백△에 대해 흑 1 이면 백 2 가 묘수이다. 흑 3 이면 백 4 로 끼우고 나서 6, 8 이다. 흑 9 일 때 백10하면 흑은 계속해서 단수를 당해 구출하기 어렵게 된다.

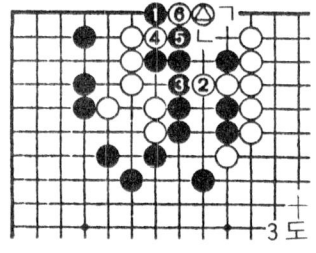

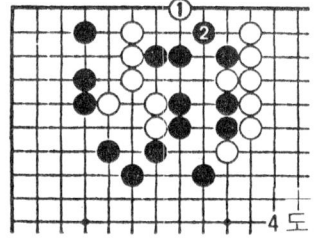

3 도 (변화)

백△에 흑 1 이면 백 2 로 머리를 내미는 것이 좋고 흑 3 은 절대적이다. 그러면 백 4, 6 으로 끊어서 넘게 된다. 이 다음 흑ㄱ에 두면 백ㄴ, 흑ㄴ에 두면 백ㄱ이 된다.

4 도 (실패)

같은 날일자라 해도 이 백 1 로는 흑 2 로 응수당해 백은 후속수단이 없어지므로 실패다.

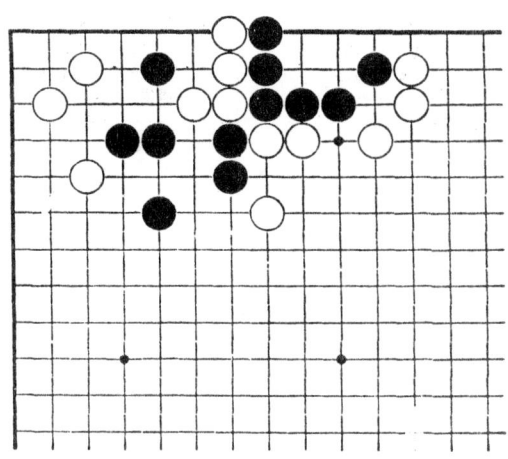

# 제 6 문

**백이 먼저 둘 때**

흑의 세력 속에 갇힌 백 4 점이 탈출하여 밖의 백과 연락을 도모할 수 있는 방법은 없을까?

여기에서는 백은 윗변으로 넘어감을 강구하는 것이 바람직한 방법이다. 물론 첫 착수가 중요하다.

평범한 수순으로 둔다면 백이 실패하게 된다. 백은 수읽기를 한 후에 착수하는 것이 바람직하다.

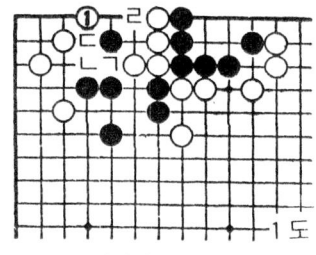 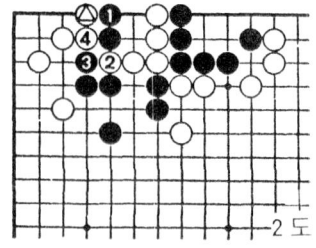

1도 (정석)

백 1이 정석이다. 평범하게 백ㄱ, 흑ㄴ, 백ㄷ에 두면 흑ㄹ을 당해 백이 패한다.

2도 (계속)

백△에 흑 1로 넘지 못하게 막으면 백은 2로 나가는 것이 좋은 수순이다. 흑 3, 백 4하여 이곳을 일단 빅으로 만든 다음에, 오른쪽 흑을 잡아서 결국은 전체의 흑을 잡아 버린다.

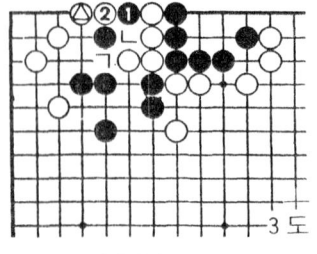 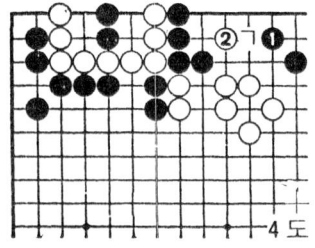

3도 (변화)

2도가 불만이어서 백△에 흑 1로 두어도 백 2하면 이 백 넉점은 왼쪽으로 넘어가게 된다. 흑ㄱ에 두면 백ㄴ으로 그만이다.

4도 (현형기경)

이 모양에서 흑 1이 처음의 착수로 되어 있다. 이 1로 먼저ㄱ에 두면 백 1의 건너 붙임수를 당해 실패한다.

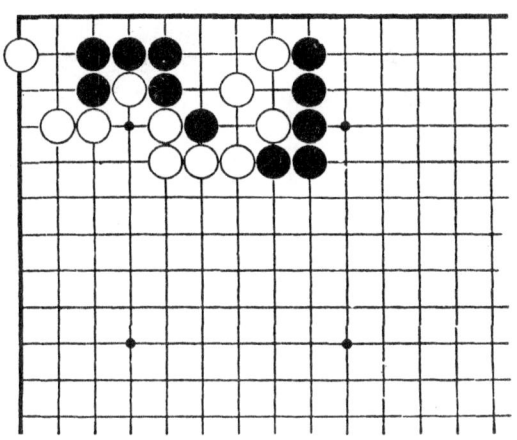

# 제 7 문

**흑이 먼저 둘 때**

흑선으로 어떻게 하면 좌우의 흑이 연락을  도 모할 수가 있을까 ?

이 문제는 상당한 수준급의 문제이다.   신중을 기하여 수읽기를 하여본 연후에 차분한 수순을 진 행해 나가도록 해야 한다.

여기에서 자칫 잘못하면 패가 만들어질 확률도 있다.  만약 패가 만들어지면 흑이 불리하다.

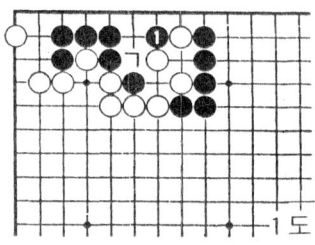 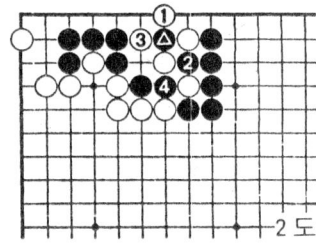

### 1도(정석)

그림의 1이 정석이다.

흑1로 붙여두지 않고 먼저 흑ㄱ으로 이으면 4도의 패가 되어 실패다.

### 2도(계속)

흑▲에 대해 백1로 저항 하는데, 그러면 흑2, 백3에 흑4로 때려 흑의 승리다.

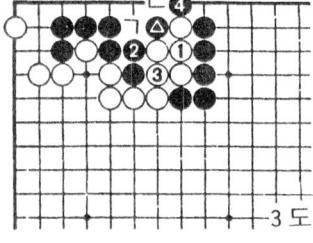 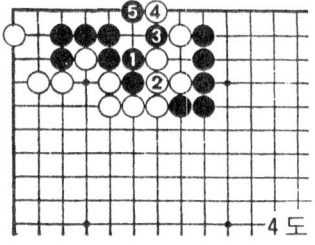

### 3도(변화)

흑▲에 백1로 잇고 흑2에 백3으로 다시 이어 흑4로 넘는 정도이다. 백1로 ㄱ에 두면 흑2로 잇고 백 ㄴ, 흑3이 되어 백의 패배다.

### 4도(실패)

흑1로 먼저 이으면 백2, 흑3, 백4가 되어 흑은 5로 패를 각오해야 한다.

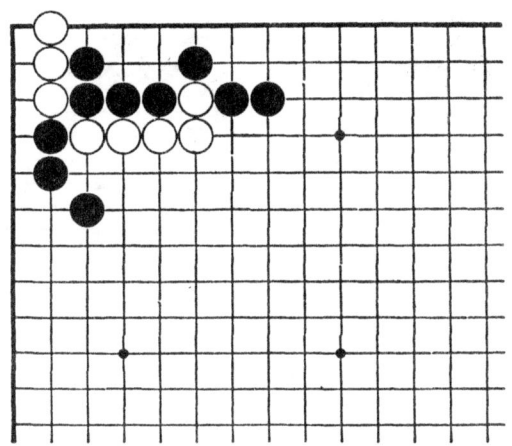

# 제 8 문

## 백이 먼저 둘 때

이 문제는 그다지 어렵지 않으나, 그렇다고 아무렇게나 두어서는 결코 성공을 거둘 수가 없다.

이러한 모양은 실전에서도 자주 나타난다. 상급자들은 그다지 어렵지 않게 문제의 해답을 구하지만, 초보자들은 의외로 문제를 포기해 버리는 경우가 많다.

수읽기를 하여본 후에 적정한 수순을 찾아내어 차분한 착수를 하여 보자.

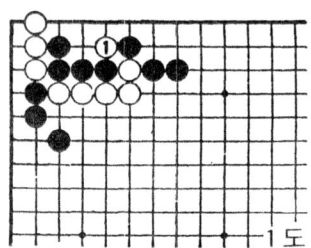 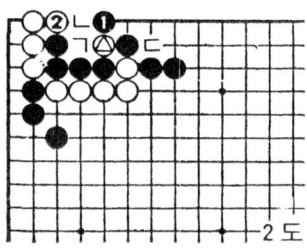

1 도 (정석) 백 1 이 정석이다.

이러한 상황에서는 무엇보다도 먼저 끊은 다음에 바로 조이는 수를 생각해야 한다.

2 도 (계속)

백△에 흑1이면 백2로 단수한다.

흑ㄱ, 백ㄴ이여서 이 흑 다섯점은 구출 할 수가 없다. △의 곳을 이어도 백ㄷ으로 그만이다.

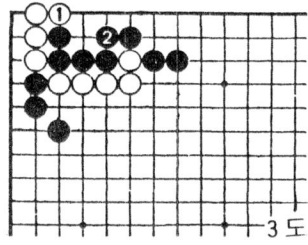 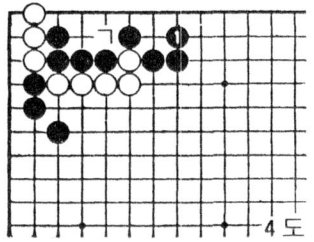

3 도 (나쁨)

백 1, 흑 2 를 교환하는 것은 좋지 않다. 백이 연단수가 있음을 알지 못하고 패를 써서 싸우려고 해도 백 1 로는 2 의 곳을 끊는 것이 바람직하다.

4 도 (지킴)

흑이 백의 연단수를 방지하려면 이렇게 흑 1 로 수비하는 것이 좋다.

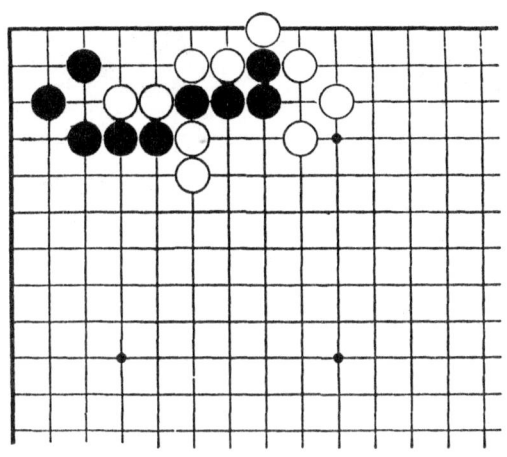

# 제 9 문

**흑이 먼저 둘 때**

이 문제는 상당히 어려운 문제이다. 만약 수순 이 잘못되면 곧장 죽고 만다.

흑 4 점이 살아서 밖으로 나오기 위해서는 윗변 의 백과 싸움을 시도하지 않을 수가 없다.

어려운 문제이지만, 수읽기를 할 수 있는 사람 이라면 능히 해답을 구할 수 있을 것이다.

자, 수를 찾아 보자. 제 일착은?

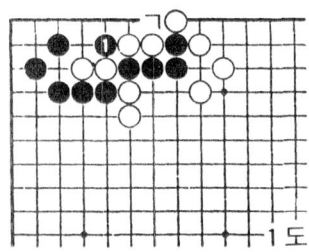
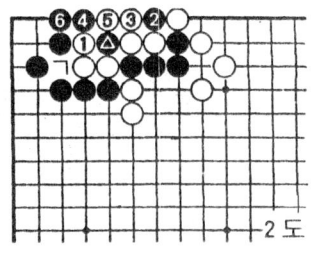

### 1도 (정석)

흑1이 정석이다. 이 흑1을 손빼고 먼저 흑ㄱ에 두면 4도가 되어 흑의 실패가 된다.

### 2도 (계속)

흑▲에 백1, 그러면 흑2가 좋다. 백3, 흑4, 백5, 흑6으로 잇게 되어 다음에 ㄱ의 단수(單手)를 백은 방지할 방법이 없다.

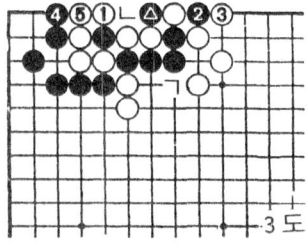
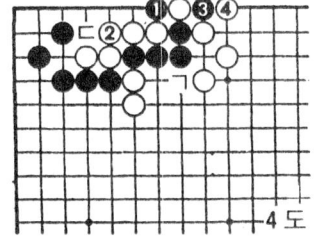

### 3도 (변화)

흑▲에 백1로 빵때리면 흑2, 백3은 필연적이다. 흑4, 백5도 당연하고 이 다음 흑2로 왼쪽을 이으면 수싸움은 백이 한수 부족하다. 백ㄱ, 흑ㄴ이 된다.

### 4도 (실패)

먼저 흑1에 두면 백2, 흑3, 백4여서 문제가 발생한다. 흑이 이으면 백ㄱ으로 두어 수싸움은 흑의 패배이다.

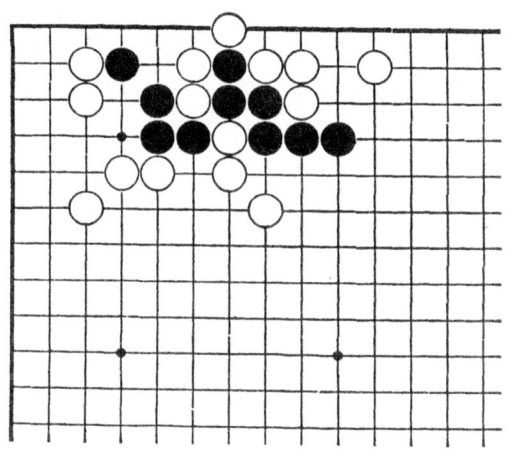

# 제10문

**흑이 먼저 둘 때**

　지금 흑은 백에 의하여 양분되어 있다. 그리고 왼쪽의 흑4점은 백의 세력권 안에 갇혀 있다. 여기에서 과연 흑은 서로가 연락을 취할 수가 있을까?

　언뜻 보면 백에게 포위당한 흑4점은　생사가 막연해 보인다. 그러나 주위의 상황을 세밀히 분석해 보면 의외로 수가 있다는 것을 알 수 있을 것이다.

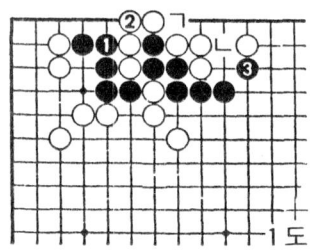

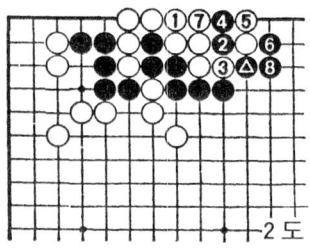

### 1도 (정석)

흑1, 백2는 필연적인 교환인데 다음 흑3으로 두는 것이 정석이다.

### 2도 (계속)

흑▲에 백1이면 흑2로 끼워 둔다.

백3에 흑4하여 두점으로 키워서 버리고, 흑6, 8로 흑이 이긴다.

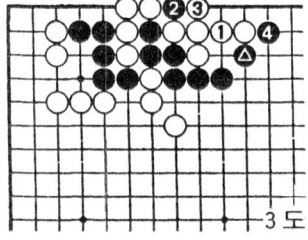

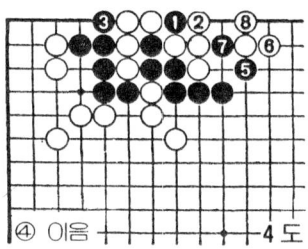

### 3도 (변화)

흑▲에 백1로 이으면 흑2, 백3에 흑4로 막는다.

이렇게 하여 수싸움이 되는데, 백이 한수 부족해 흑의 승리다.

### 4도 (실패)

흑1로 곧장 먹여치면 흑5일 때 백6의 수가 성립해 흑7, 백8하여 수싸움이 되지만, 이것은 백이 수가 많아서 백승.

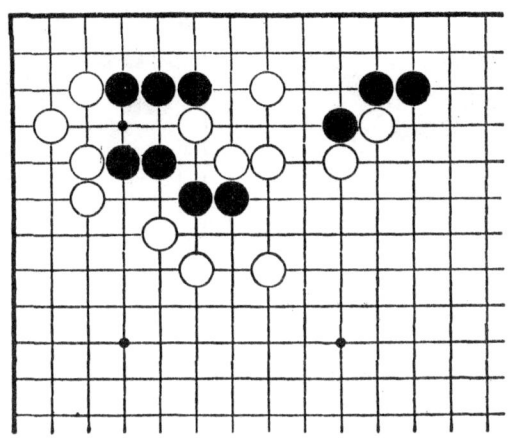

# 제11문

**흑이 먼저 둘 때**

이 문제 역시 상당히 어려운 문제이다.

흑은 백에 대하여 끊음수의 묘를 활용하여 넘어감을 획책해 보는 것도 무의미한 일이 아닐 것 같다.

어디에다 두면 백이 흑의 주문을 듣는가도 생각해 볼 필요가 있다.

수읽기의 힘을 이용하여 적정한 수를 찾아 보자.

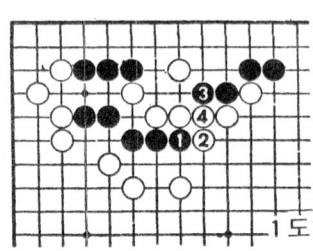

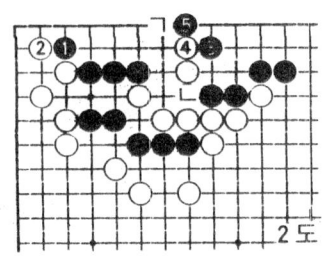

1 도 (정석)

흑1, 백2, 흑3, 백4까지가 정석의 기본이다.

2 도 (계속)

여기서 흑1, 백2가 준비단계이다. 다음에 흑3, 백4를 교환해 버린 다음에 흑5로 젖혀 두는 것이 중요하다.

백ㄱ에 두면 흑ㄴ으로 끊는다.

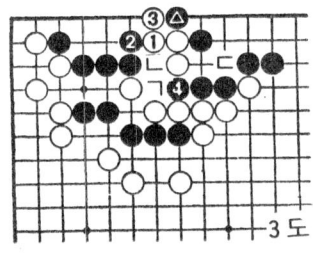

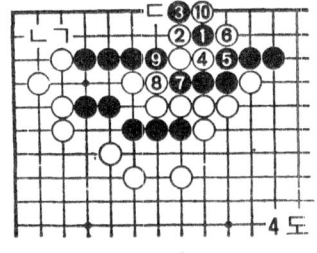

3 도 (계속)

흑▲를 직접 백3으로 막는 것은 불만이어서 백1로 구부리면 흑2, 백 3일때 흑4로 끊어 버린다. 이렇게하여 역시 흑▲에 의해서 백ㄱ, 흑ㄴ, 백ㄷ이 성립하지 않는다.

4 도 (실패)

평범하게 흑1, 3이면 백4 이하 10까지를 당해 백은 성공하지 못한다.

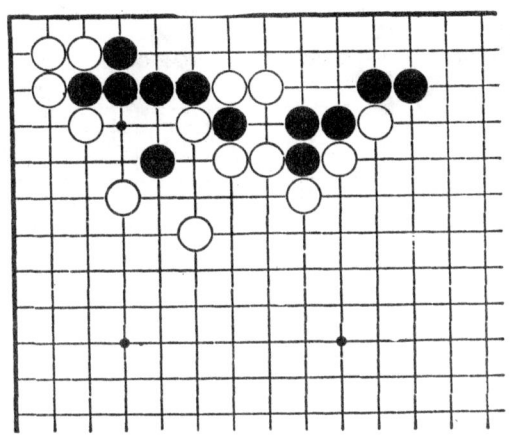

# 제12문

**흑이 먼저 둘 때**

흑은 지금 교묘하게 끊겨 있다. 이 끊김을 헤치고 양쪽의 흑이 연결을 도모하기 위해서는 어떤 착수를 감행해야 할까?

이 문제 역시 수준급의 문제이다. 상당한 실력의 소유자가 아니면 쉽게 풀기가 어려울 것이다.

실전에서도 자주 나타나는 문제의 하나이므로 잘 기억해 두기 바란다.

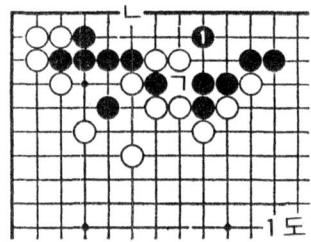
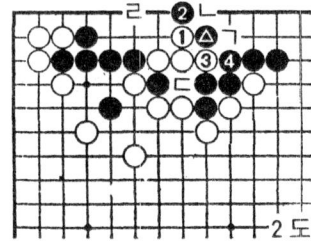

### 1도(정석)

흑 1이 정석으로 ㄱ과 ㄴ을 맞보게 된다. 백ㄱ에 두면 흑ㄴ
으로 넘어 그만이다.

### 2도(계속)

흑▲에 백 1이면 흑 2로 젖혀두는 것이 앞문제와 같이
이 모양에서의 초점이다. 백 3에 흑 4, 다음에 백ㄱ에는 흑
ㄴ, 백ㄷ, 흑ㄹ로 넘는다.

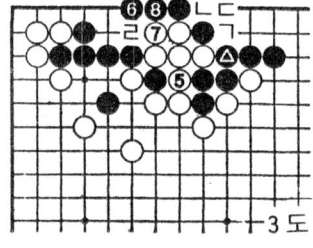
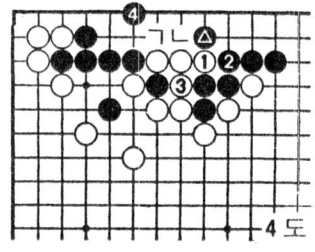

### 3도(계속)

2도의 4 (흑▲)다음 백 5, 흑 6, 백 7, 흑 8이 자연스러
운 진행이다. 이 백 5 대신 백ㄱ, 흑ㄴ, 백 8 하면 흑 5, 백
ㄷ, 흑ㄹ로 수싸움은 흑이 이긴다.

### 4도(변화)

흑▲에 대해 백 1이면 흑 2로 잇고 백 3으로 둔다.
흑 4가 넘어가는 좋은 수이다.

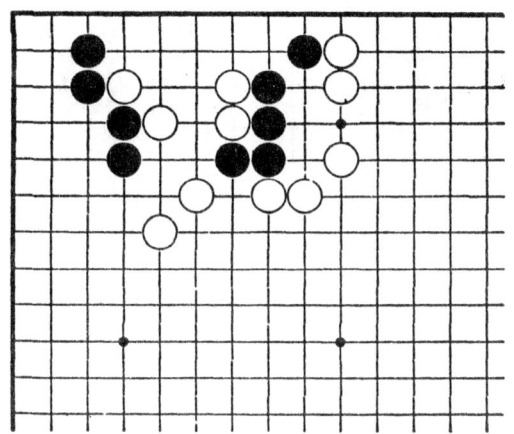

# 제13문

## 흑이 먼저 둘 때

백에게 포위되어 있는 흑 다섯 점이 어떻게 하면 왼쪽의 흑과 연락을 취할 수 있는가 하는 것이 이 문제의 주요 포인트이다.

흑은 지금 윗변으로 넘어가는 것이 가장 현명한 방법이다.

그렇다면 과연 어떻게 두어야 할까?

신중한 일착이 요구되는 곳이다.

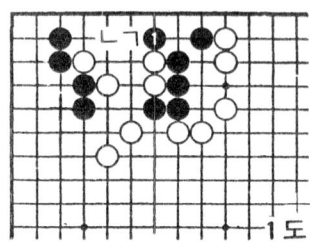

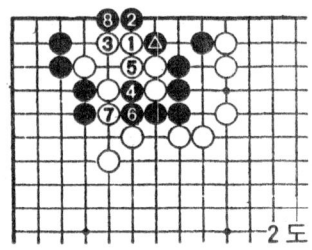

1도 (정석)

혹 1로 넘는 것이 정석이다.

이에 대해 백ㄱ이면 2도가 되고, 또 백ㄴ에 두면 3도가 되어서 둘 다 백을 자충(自充)으로 유인해 간다.

2도(계속) 혹▲에 백 1이면 혹 2로 젖혀두고 백 3하면 혹 4부터 백 7까지는 외곬수이다. 혹 8로 혹의 성공이다.

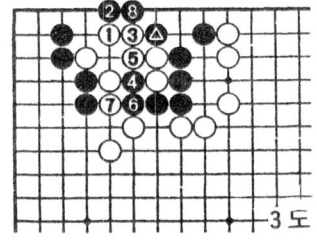

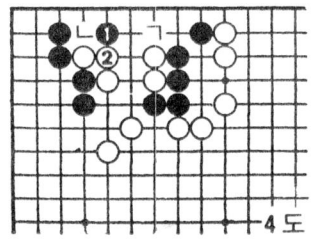

3도 (변화)

혹▲에 대해서 백 1로 벌리면 혹 2이다. 백 3이면 혹 4, 백 5, 혹 6, 백 7에 혹 8하여 2도와 같은 상황이다.

4도 (실패)

급소라고 생각해서 이 그림의 혹 1에 두면 백 2의 이음 수를 당해 예상외로 실패하고 만다. 혹ㄱ에 두어도 백ㄴ으로 나가 불만이다.

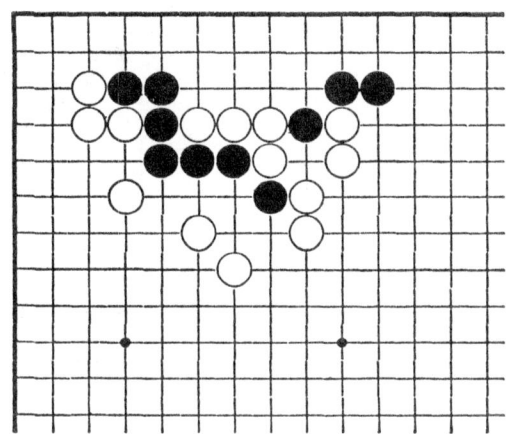

# 제14문

**흑이 먼저 둘 때**

흑선으로 과연 좌우 연결이 가능할까?

이 문제는 상당한 수준급의 문제이다. 첫수부터 마지막까지의 수순을 정확하게 읽지 않으면 결코 건너가는 일에 성공하지 못할 것이다.

수읽기의 힘을 이용하여 경과도와 결과도를 머릿속에 그려 보면서 올바른 수순을 찾아 보자.

여기에서도 묘수를 찾아야 한다. 신중을 기하여 수순을 정확하게 밟아 보자.

1도 (정석)

흑 1이 정석이다.

이 흑 1 외에는 넘지 못한다. 이 문제도는 ㄱ의 곳이 끊길 우려가 있어서 흑은 항상 이것을 염두에 두어야 한다.

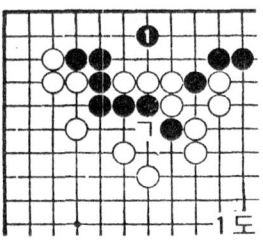

2도 (계속)

흑▲에 백 1은 흑이 생각하고 있는 수여서 흑 2, 4로 둔다. 백 5로 6에 두면 흑 5가 되므로 백 5로 계속 공격하면 흑 6, 8이다. 당황한 나머지 흑 8로 ㄱ에 두면 백 8을 당해 그만이다.

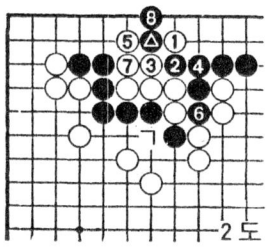

3도 (변화)

흑▲일 때 백 1로 빵때리면 흑 2, 백 3으로 잇는다. 그때 흑 4로 이어 윗변 백과 수싸움을 벌이는데 흑이 유리하다.

4도 (실패)

흑 1은 백 2를 당해 넘어갈수가 없다. 이 백 2로 백 ㄱ에 두면 흑 2, 백 ㄴ, 흑ㄷ이어서 정해도와 같이 되지만 백 2로 뛰므로 흑의 실패로 끝난다.

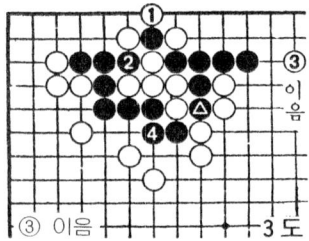

③ 이음 ——— 3도

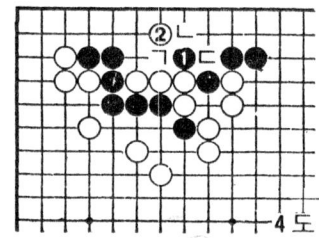

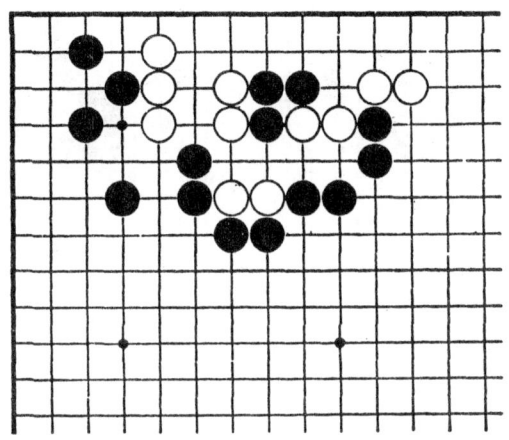

# 제15문

**백이 먼저 둘 때**

백에게 포위된 흑 3 점이 무난하게 살아서 바깥의 흑과 연락을 취할 수 있는가 하는 점이 이 문제의 주요 안건이다.

여기에서는 수순이 문제가 된다. 만약 수순이 적정하지 않으면 백에게 포위된 흑 3 점은 살아서 밖으로 연결해 나갈 수가 없다.

그렇다고 올바른 수순은 어떻게 되는가? 효과적인 착점을 생각해 보자.

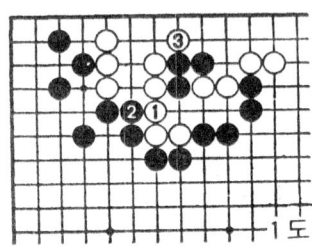 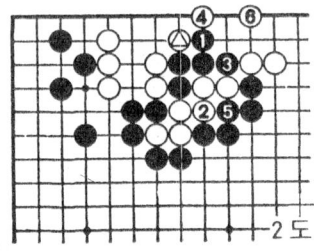

1도 (정석)

백 1과 흑 2를 교환 하는것이 순서다.

그런 다음 백 3으로 넘는 것이 정석이다.

2도 (계속)

백△에 흑 1로 뻗는다. 그러면 백은 다시 2로 이은 다음에 버린다. 흑 3으로 둘수 밖에 없으며 그러면 백 4하여 흑 5로 따내게 한 다음 백 6으로 넘어가 버린다.

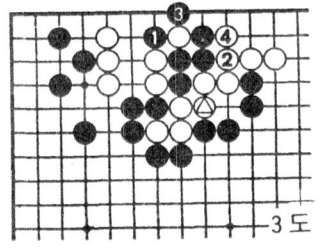 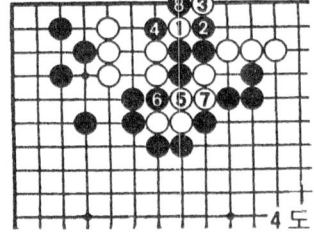

3도 (변화)

백△일 때 흑 1로 백 한점을 따내면 백 2, 백 4가 되어 이 수싸움은 흑의 실패다.

4도 (실패)

성급하게 백 1, 3하면 흑 4, 이때 백 5에 두어도 흑 6, 백 7로 이어도 이를 무시하고 흑 8하여 백 한점만 빵 때리고 만다.

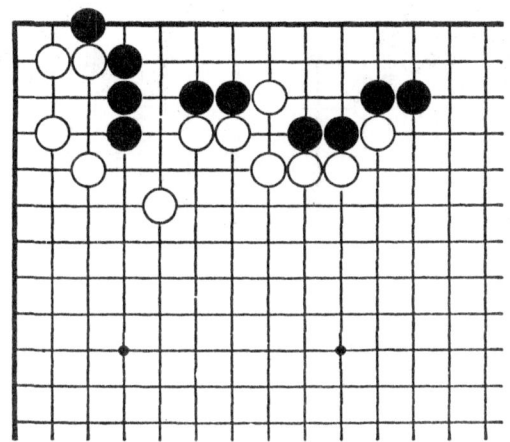

## 제16문

**흑이 먼저 둘 때**

이 문제 역시 단순한 착수로서는 해결하기가 힘들 것이다.

백의 끊음수가 의외로 복잡한 경과도를 필요로 한다. 여기에서는 특히 수계산을 필요로 한다.

차분한 마음 가짐으로 수읽기를 한 후에 적정한 수순을 찾아 보자.

이러한 유형의 문제는 실전의 대국에서 자주 응용되는 문제이므로 유의하여 두기 바란다.

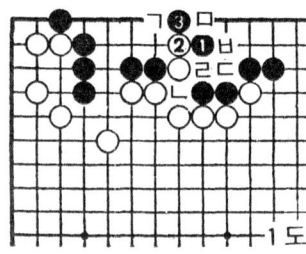 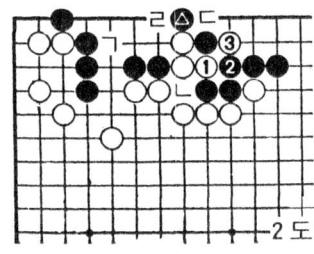

1도 (정석)

흑1, 백2, 흑3이 정석. 이 흑3으로 백ㄱ에 두면 흑ㄴ, 백ㄷ, 흑ㄹ, 백ㅁ, 흑ㅂ으로 흑이 이기는데 흑3이 효과를 나타내고 있다.

2도 (계속)

ㄱ 부근에 흑돌이 놓여 있으면 즉시 흑ㄴ, 백ㄷ, 흑ㄹ로 그만이지만 여기서는 그렇게 쉽지 않다.

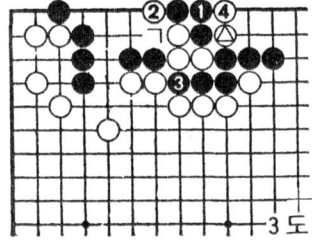 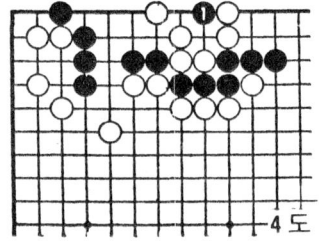

3도 (계속)

백△에는 흑1로 잇는다. 백3으로 두면 흑ㄱ으로 서로 안정을 취하게 되지만 백2로 막아 석점을 따 내려고 하면 흑3으로 끊고 백4로 따내어 수싸움이 벌어진다.

4도 (흑승)

흑 석점을 빵때린 장면이다. 흑1로 급소에 뛰어들어 이 수싸움은 흑이 한수 이긴다.

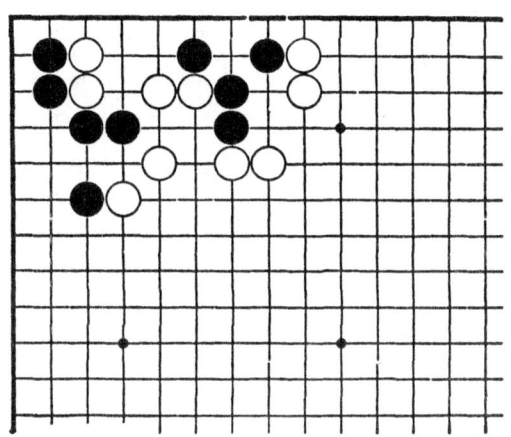

# 제17문

**흑이 먼저 둘 때**

지금 흑 4점이 백의 세력권 안에 묶여 있다.

이 흑 4점이 왼쪽의 흑 세력과 연결을 도모하여 살아갈려면 어떻게 해야 하는가?

물론 여기에는 흑 4점이 훌륭하게 살아 넘어가는 묘수가 있다.

수읽기의 힘을 이용하여 이 묘수를 찾아 보자.

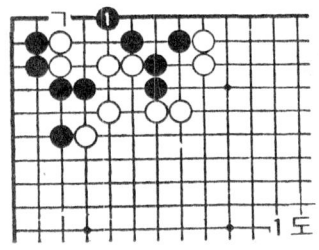

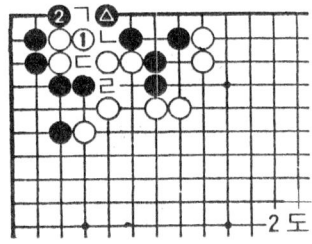

**1 도** (정석)

흑 1의 마늘모 붙임수가 정석이다.

여기서 넘는 수는 오직 1의 마늘모 붙임수 뿐이며, 그밖의 수로는 넘지 못한다.

**2 도** (계속)

흑▲에 백 1이면 흑 2이다. 백은 ㄱ으로 막지 못한다. 막을 경우 흑ㄴ, 백ㄷ, 흑ㄹ로 그만이다.

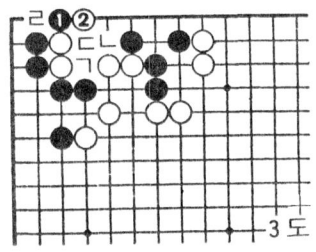

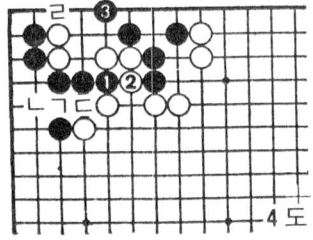

**3 도** (실패)

흑 1로 젖혀두는 수가 좋아 보이지만 백 2로 막으면 끝장이다. 흑ㄱ에 두어도 백ㄴ이며 또 흑ㄷ에 두어도 백ㄹ이 된다.

**4 도** (속수)

흑 1, 3으로 두어도 넘기는 하지만 이 흑 1과 백 2의 교환은 소위 속수(俗手)라는 것이어서, 백ㄱ이하 흑ㄹ이 어쩔 수 없게 되므로 2도와는 상당한 차이다.

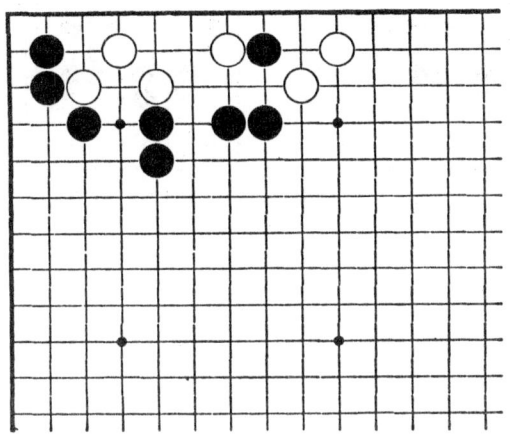

# 제18문

## 백이 먼저 둘 때

이 문제는 상당히 수준 높은 문제이다. 이 문제를 무난히 푸는 사람은 상당한 실력의 소유자라고 할 수 있을 것이다.

아무렇게나 두어서는 백이 결코 밖으로 빠져나올 수 없다.

수를 찾아야 한다. 자세히 살펴 본다면 반드시 수가 있다. 경솔한 자세로 착안을 한다면 결국 실패하게 되므로 신중을 기하여야 할 것이다.

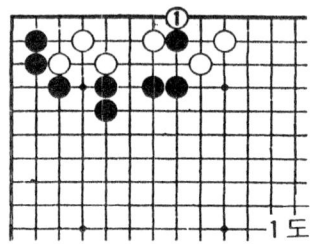 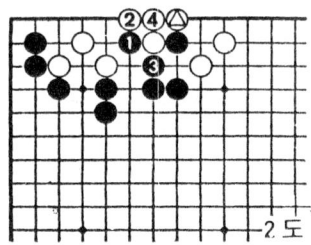

1도 (정석)

백 1이 정석이다.

보통 이 수를 생각했다가 미심쩍어서 다시 다른 수를 찾는 경우가 많이 있다.

2도 (계속)

백⊙에 흑 1로 막는다. 그러면 백 2가 흥미있는 수로 흑 3하면 당연히 백 4로 잇는다.

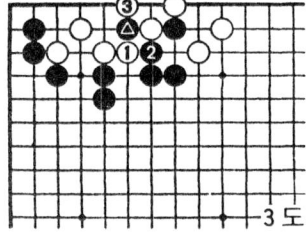 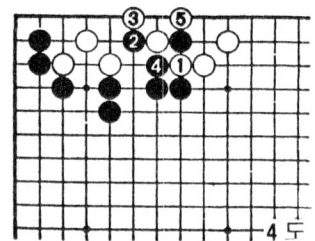

3도 (실패)

쉽게 넘어가는 수가 있는데 흑▲했을 때 백 1, 흑 2, 백 3으로 패·를 만드는 것은 실패다.

4도 (실패)

이 백 1, 3, 5도 3도와 같다. 백 1의 수가 5의곳에 놓여 있으면 무조건 넘어가는 정석이 되는데, 이렇게 패로 저항하는 것은 도리어 상대방을 도와주는 결과다.

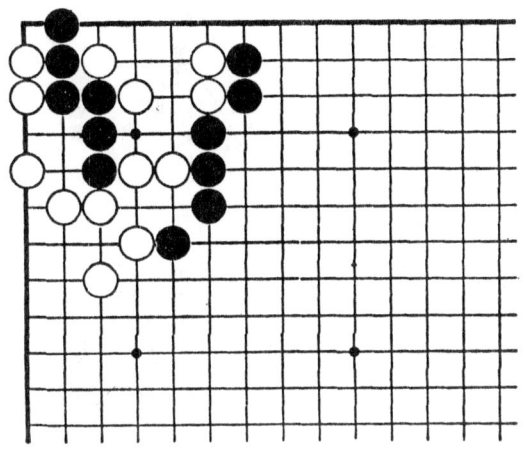

# 제19문

**흑이 먼저 둘 때**

상당히 재미있는 문제이다. 흑은 지금 완벽하게 포위당한 상태이다. 여기에서 과연 귀에 갇힌 흑6점이 밖으로 빠져나와서 밖의 흑과 연결을 취할 수 있을까?

이 문제를 자신있게 풀 수 있는 사람은 상당한 실력의 소유자로 보아 손색이 없을 것이다. 왜냐하면 여기서 흑은 아무렇게나 넘어가는 수가 성립되지 않기 때문이다.

## 1 도 (정석)

흑 1, 백 2 는 필연적이며 중요한 준비단계이다. 다음 흑 3 이 정석이다.

이 흑 3 이 흑, 백의 급소가 되고 있으며 또한 백을 계속 자충 (自充)으로 유인하려는 것이다.

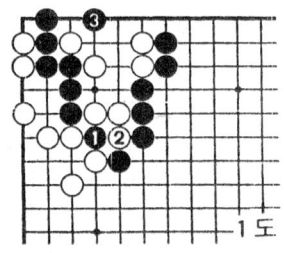

## 2 도 (계속)

흑❹에 백 1 이면 흑 2, 백 3, 흑 4 이다. 백이 강력하게 ㄱ으로 막으면 사활(死活)을 건 큰 패가 되며, 백이 ㄴ에두면 흑ㄷ으로 넘는다.

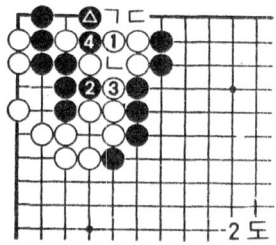

## 3 도 (변화)

흑❹일 때에 백 1 이면 흑 2 로 넘는다. 여기서 백이 강력하게 ㄱ으로 막으면 흑ㄴ, 백ㄷ, 흑ㄹ의 연단수가 된다.

## 4 도 (실패)

흑 1 이 얼핏 보면 정석인 것 같이 보이지만 백 2 로 응수하면 된다. 2 의 곳이 쌍방의 급소이다.

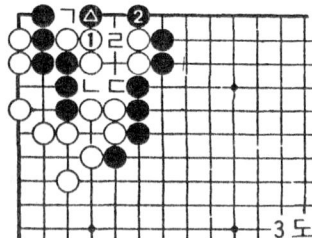

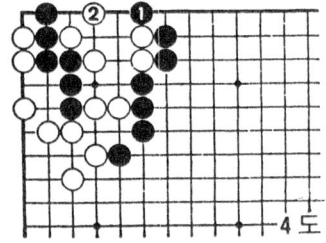

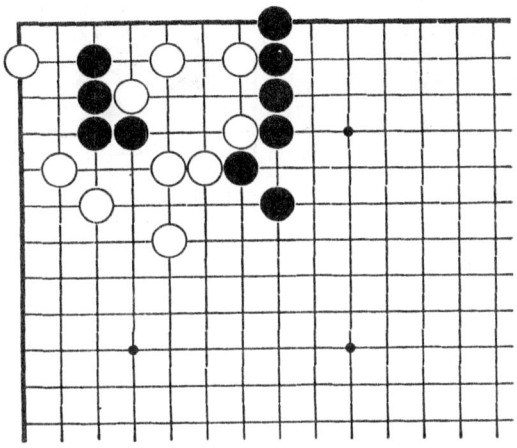

# 제 20 문

**흑이 먼저 둘 때**

이 문제 역시 상당히 어려운 수순의 문제이다.

흑은 특히 백의 함정에 빠지지 않도록 유의해야 한다.

상당한 실력의 소유자가 아니면 이 문제를 해결하기가 꽤 어려울 것이다. 흑은 끊음수의 맥을 이용하여 요령있게 넘어가야 한다.

실전에서도 상당히 자주 응용되는 문제이므로 유의하여 습득해 두기 바란다.

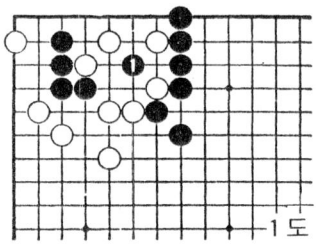 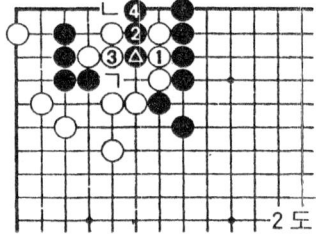

1도 (정석)

흑1이 정석이다.

2도 (계속)

흑❹에 대해 백1은 필연적이다. 그때 흑2로 뚫고 나와 백3일 때 흑4로 내려서는 것이 좋은 수이다. 그러면 백ㄱ으로 둘 수 밖에 없으며 흑ㄴ으로 넘는다. 흑4로 ㄱ 또는 ㄴ에 두는 것은 좋지 않다.

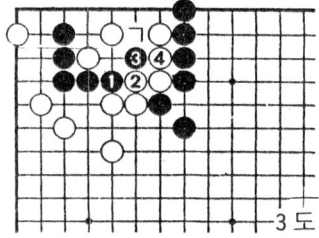 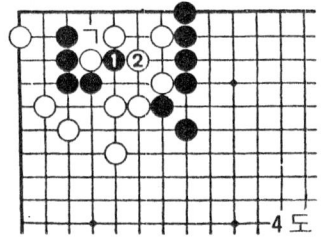

3도 (실패)

흑1, 백2, 흑3은 속수 (俗手)의 수순이다. 흑1과 백2를 교환해 버렸기 때문에 정해도와 같은 흑ㄱ 다음의 후속수단은 없다.

4도 (실패)

흑1은 백ㄱ의 이음 수를 생각한 것이지만, 백2의 응수를 당하면 그대로 흑은 죽고 만다.

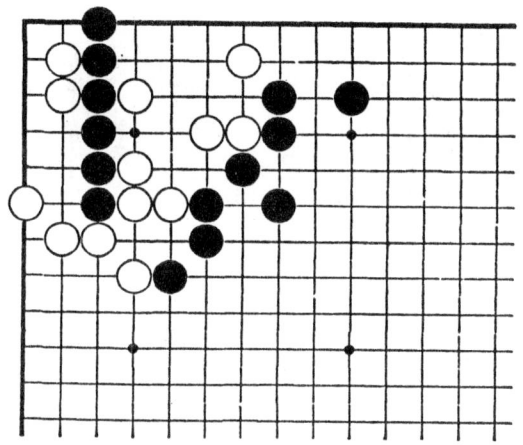

# 제21문

**혹이 먼저 둘 때**

이 모양도 그다지 쉬운 문제는 아니다. 흑 여섯 점이 밖으로 빠져나가 외부의 흑 세력과 연결을 도모하기 위해서는 급소를 찾지 않으면 안된다.

백도 결코 만만찮으므로, 흑은 강력한 급소 강타 작전으로 나가지 않으면 건너가기가 상당히 힘들 것 같다.

이 문제 역시 수읽기가 필요하다. 한 수 한 수, 빈틈없는 착수가 필요한 곳이다.

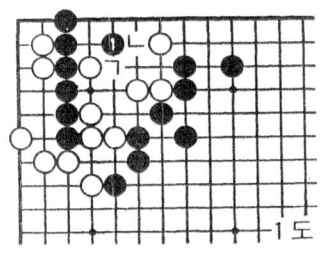

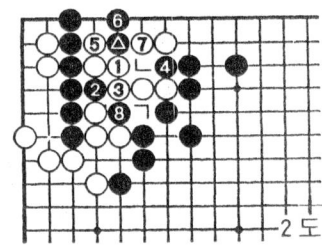

**1 도 (정석)**

혹 1이 정석이다. 백이 ㄱ으로 응수하면 2도가 되고 ㄴ으로 응수하면 3도가 된다.

**2 도 (계속)**

혹△에 백 1하면 혹 2로 뚫고 나가 백 3일 때 혹 4다. 백 5, 혹 6, 백 7일 때 혹 8하여 그만이다. 백ㄱ이면 혹ㄴ이고 백ㄴ이면 혹ㄱ으로 혹의 성공이다.

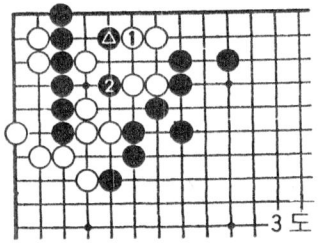

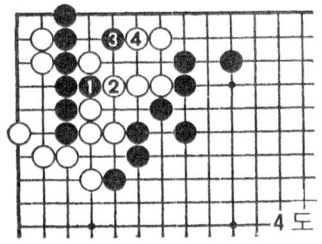

**3 도 (변화)**

혹△에 대해 백 1이면 혹 2로 넘는다. 이렇게 되면 위아래의 백은 양분되어 양곤마 (兩困馬)가 되므로 수싸움은 백의 실패다.

**4 도 (실패)**

혹은 혹 1, 백 2의 교환을 보류하고 우선 3으로 두어 다음에 혹 1 또는 혹 2로 뒷맛을 남겨 둘 필요가 있다.

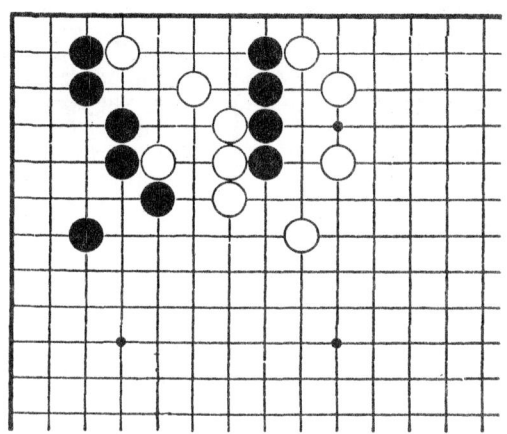

# 제22문

**흑이 먼저 둘 때**

이 문제도 앞의 문제와 비슷한 유형의 문제이다.

상당한 실력의 소유자가 아니면 결코 선뜻 넘어가기가 쉽지 않을 것이다.

여기에서 가장 중요한 것은 첫 착수를 어디에다가 두어야 할 것인가이다. 먼저 수읽기를 하여 본 다음에 차분한 일착을 하여 보자. 요령있는 착수가 바람직하다.

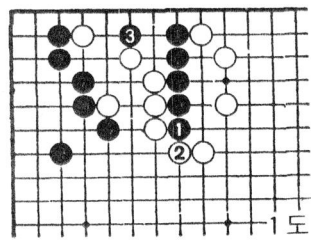
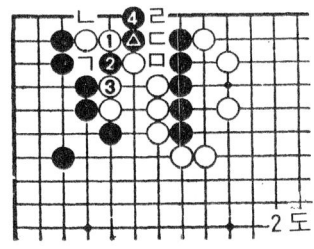

1도 (정석)

흑 1, 백 2 는 필연적이다. 흑 3 이 정석이 된다.

흑 1, 백 2 의 교환이 먼저 이루어져야 하는 이유는 3 도에서 밝혔다.

2도 (계속)

흑▲에 백 1 이면 흑 2 로 끊는다. 백 3 하면 흑 4 로 넘는다. 이 다음 백ㄱ, 흑ㄴ이다. 백ㄷ에 흑 4, 백ㄹ, 흑ㅁ으로 그만이다.

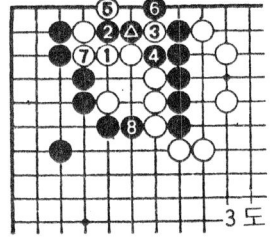

3도 (변화)

흑▲일때 백 1 로 응수 하면 흑 2 로 받고 백 3 으로 강력하게 저항 할 수도 있다. 그러면 흑 4, 백 5, 흑 6, 백 7 이 되지만 결국 흑 8 하여 흑의 성공이다.

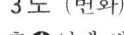
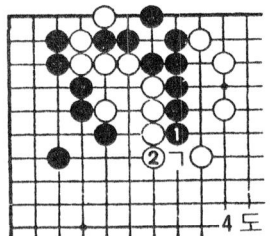

4도 (주의)

1도의 흑 1, 백 2 의 교환을 먼저 하지 않으면 3 도의 경과를 거쳤을 때에 흑 1 에 반드시 백ㄱ으로 응수하지 않고 백 2 로 응수할 수도 있으므로 주의해야 한다.

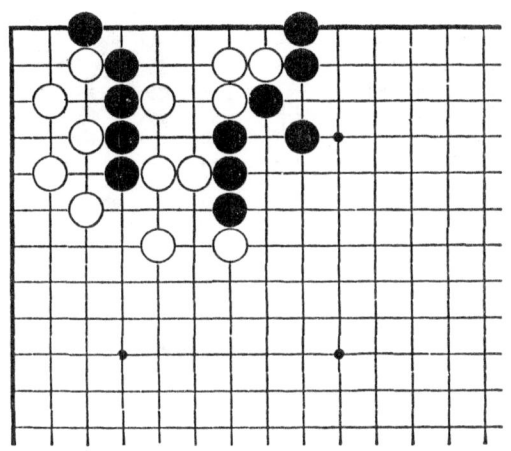

# 제 23문

**흑이 먼저 둘 때**

이 문제도 역시 그리 간단한 문제는 아니다.

손쉽게 건너가는 방법을 찾을 것이 아니라, 보다 효과적인 착수의 방법을 찾는 것이 더욱 중요하다.

여기에서 아무렇게나 두어서는 결코 넘어가지 못한다.

어떻게 하면 보다 효과적으로 넘어갈 수가 있을까?

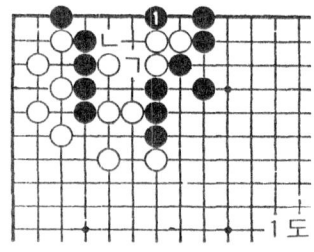 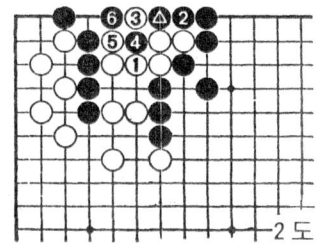

1도 (정석)

흑 1이 정석이다.  이때 백ㄱ으로 응수하면 2도가 되고 백
ㄴ으로 응수하면  3도가 되는데, 둘 다 자충수를 이용하여 넘
어간다.

2도 (계속)

흑⚫에 백 1로 잇는다. 흑2, 백 3, 흑4, 백 5, 흑 6으로 패
가 된다. 백도  자충수가  되므로  4의 곳을 이을 수가 없다.

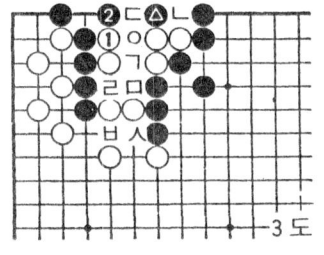 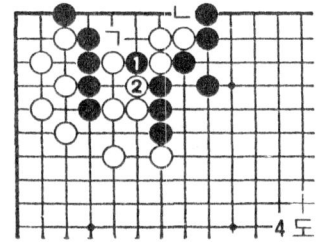

3도 (변화)

흑⚫에 백 1이면 흑 2이다. 백ㄱ이라면 흑ㄴ, 백ㄷ의 패가
된다. 또 백ㄴ이라면 흑ㄹ, 백ㅁ, 흑ㅂ, 백ㅅ, 흑ㅇ의 연단수
로  흑이 이긴다.

4도 (실패)

흑 1로 끊으면 백 2를 당해 실패한다. 또 흑ㄱ에 두어도
백 1로 실패이며, 흑ㄴ에 두어도 백ㄱ이 있어 실패다.

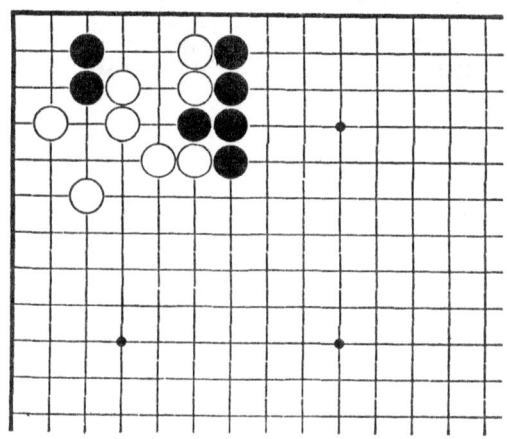

# 제24문

**흑이 먼저 둘 때**

귀에 갇혀있는 흑 두 점이 미묘한 함수를 가지고 있는 문제이다.

여기에서 흑은 두 가지의 삶의 방법이 있다.

하나는 귀에서 삶을 찾는 방법이고, 다른 하나는 오른쪽의 흑과 연결을 도모하여 삶을 획책하는 일이다. 물론 이 두 가지 방법은 다같이 백의 의사와도 일치해야 한다. 백의 의사에 반해서는 결코 어느 것 하나만을 임의로 선택할 수가 없다

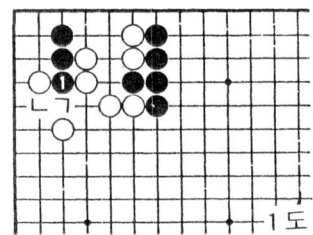 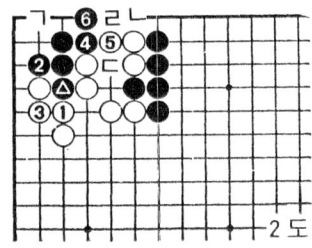

1 도 (정석)

흑 1 로 두어서 백의 응수를 묻는다. 백이 ㄱ에 두면 2 도가 되고 또 백 ㄴ으로 강력하게 저항하면 3 도가 된다.

2 도 (계속)

흑⬣에 백 1 이면 흑 2, 백 3, 흑 4 다. 백 5 일 때 흑 6 하여 흑은 ㄱ으로 사는 것과 ㄴ으로 넘는 것을 맞본다. 백 5 로 ㄷ에 두어도 흑 ㄹ, 백 ㄴ, 흑 ㄱ으로 흑은 산다.

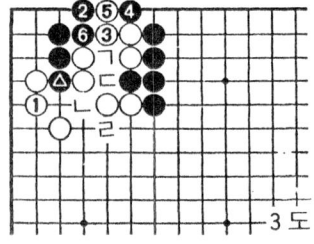 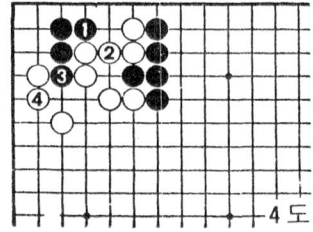

3 도 (변화)

백 1 로 강력하게 공격하지만 흑 2 의 마늘모 붙임수가 좋은 수여서 백 3 이면 흑 4, 백 5, 흑 6 이 되어 백이 뜻대로 되지 않는다.

4 도 (실패)

흑 3 으로 뚫지 않고 흑 1 과 백 2 를 교환하고 나서 흑 3 에 두면 백 4 로 저항해서 실패로 끝난다.

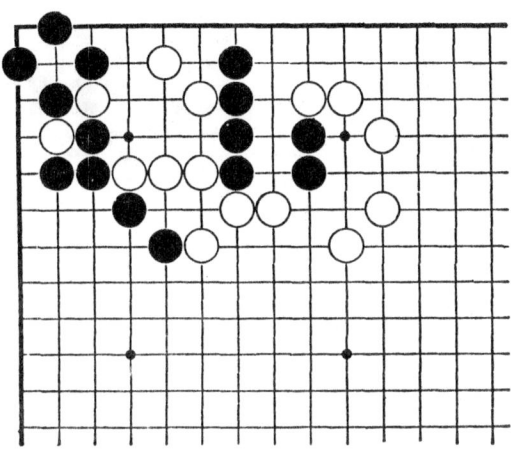

# 제25문

**흑이 먼저 둘 때**

흑은 끊음 수의 묘를 이용하여 넘 가는 수를 성립시키는 것이 바람직할 것 같다.

흔히 이러한 유형의 문제를 접하는 초보자들은 무턱대고 두거나, 아니면 아예 포기해 버리는 경우가 많다.

그러나 수읽기의 힘을 가지고 있는 사람이라면 결코 흑6점을 포기하지는 않을 것이다.

여기에서는 수계산이 필요하다.

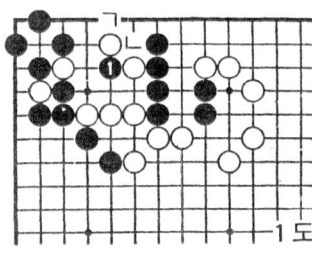
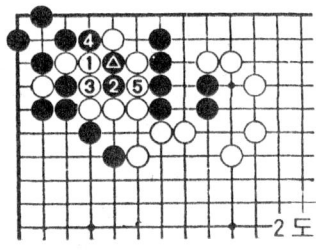

1 도 (정석)

흑 1 이 정석이다. 이 외에는 없다.

흑 1 에 두지 않고 흑ㄱ에 두면 백ㄴ으로 실패하고 또 흑ㄴ
에 두어도 백 1 로 역시 실패한다.

2 도 (계속)

흑▲에는 백 1 로 응수한다.

흑 2 하여 두점으로 키워서 버리는 작전이 훌륭하다.

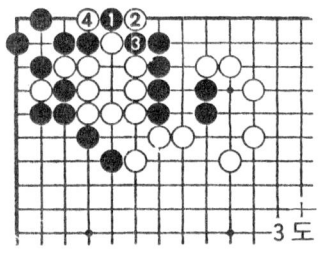
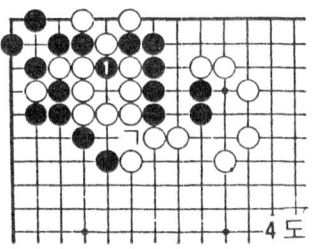

3 도 (계속)

계속해서 흑 1 은 백 2, 흑 3, 백 4 로 따낼 수밖에 없다.

4 도 (성공)

흑 1 이 연단수로 유인하는 첫단계이다. 백은 이것을 따
낼 수밖에 없으므로 흑은 하나하나 공배를 메워나가면 된다.
**흑의 성공이다.**

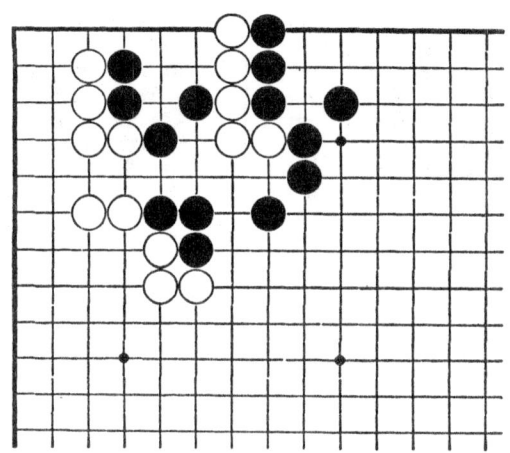

# 제26문

## 백이 먼저 둘 때

백 다섯 점의 신세가 갑자기 가엾어지는 그림이다. 백은 비상한 수순을 준비하여야만 비로소 삶을 생각할 수가 있다.

여기에서는 수읽기의 힘이 중요하다. 첫 착수에서부터 마지막의 착수까지 날카로운 수계산이 있어야 한다.

신중한 착수를 생각해 보자.

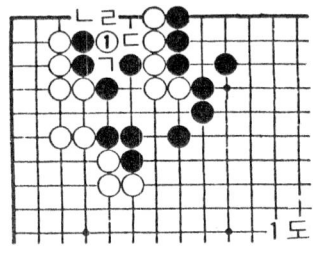
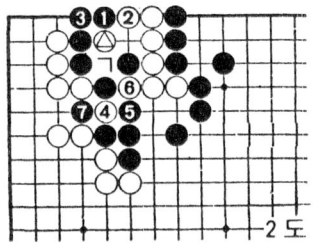

1도 (정석)

백 1이 정석이다.

이런 경우 흑ㄱ으로 이으면 백ㄴ, 흑ㄷ, 백ㄹ이 되어 흑은
이 백을 끊지 못한다.

2도 (계속)

백△에는 흑 1로 둘 수밖에 없으며 백 2, 흑 3을 교환하고
나서 백 4와 6이 훌륭한 수순이다.

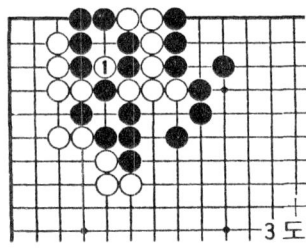
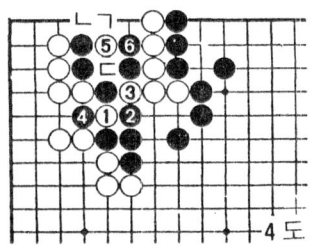

3도 (계속)

이 장면은 2도에서 백이 두점으로 키운 다음 흑이 따낸 것
이다. 여기서 백 1로 먹여쳐 백의 승리다.

4도 (비교)

먼저 백 1, 3으로 둔 다음에 백 5하면 흑은 ㄱ으로 두지
않고 6으로 나오므로 백ㄴ, 흑ㄹ, 백ㄱ하여 넘어갈 수는 있
지만 정석에 비할 때 불만이다.

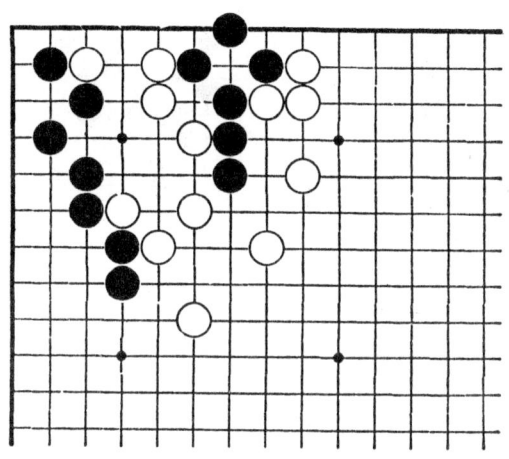

## 제27문

**흑이 먼저 둘 때**

현재 흑은 완벽하게 포위되어 있다. 이 철벽을 뚫고 살아나갈 수 있는 유일한 길은 무엇인가? 여기에서 흑은 백의 헛점을 노려서 살아나가는 방법을 찾아야 한다. 흑은 끊는 수를 염두에 두고 수읽기를 하기 바란다.

자, 그렇다면 첫 착수는 어디에다가 할 것인가? 차분한 마음 가짐으로 적정한 수를 찾아 보자.

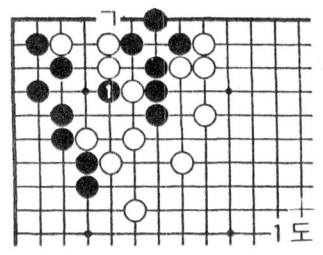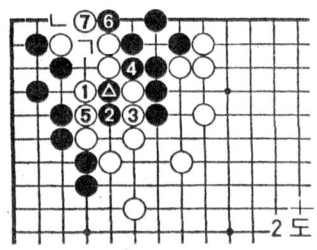

1도 (정석)

흑1이 바로 백의 약점이다.

흑ㄱ으로 젖혀도 정석이다.

2도 (계속)

흑❷에 백1은 필연적이다. 흑2에 백3, 흑4에 백5는
외곬수의 진행이다. 여기서 흑6으로 젖혀 두고 백7의 수로
백ㄱ에 두면 흑ㄴ으로 넘어 성공이다.

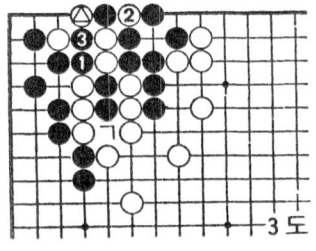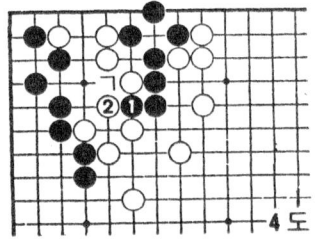

3도 (계속)

백❷일 때 흑1로 끊는다. 백2에 두거나 백ㄱ에 두어도
흑3으로 넘는 연단수가 되므로 백은 따낸 자리를 잇지
못한다.

4도 (나쁨)

흑1로 나가 백2로 응수시키는 것은 백에게 ㄱ의 약점을
보강시켜 주는 결과 밖에 안되며 자살 행위이다.

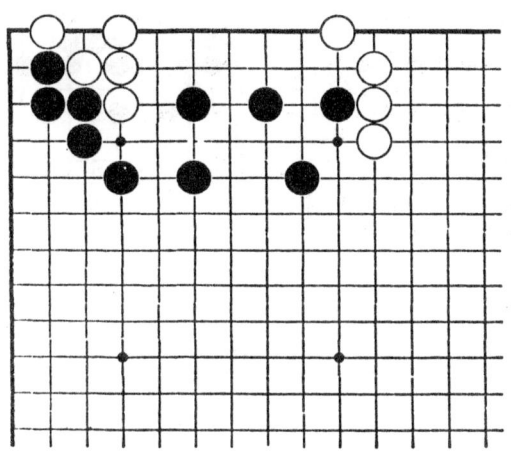

# 제28문

**백이 먼저 둘 때**

현재 서로 떨어져 있는 백의 사이가 너무나 멀다. 수순에 따라서는 흑이 충분히 백을 고립시킬수도 있다.

여기에서 과연 어떻게 해야만 왼쪽의 백이 오른쪽의 백과 연락을 취하여 삶을 도모할 수가 있을까?

62

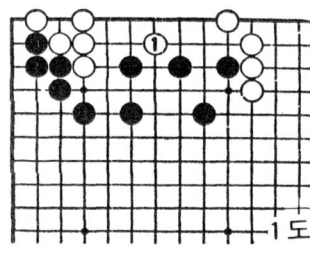
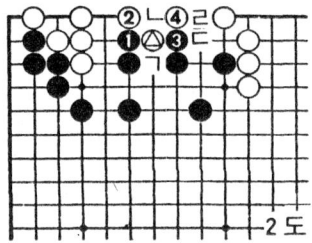

### 1도 (정석)

백1이 정석이다.

실전에서는 틀리기가 쉬운 문제다.

### 2도 (계속)

백△에는 흑1, 백2, 흑3에 백4로 된다.   이 다음 흑
ㄱ, 백ㄴ, 흑ㄷ, 백ㄹ하여 백ㄱ은 어렵게  넘어가게 되지만
어쨋든 잡히는 것보다는 낫다.

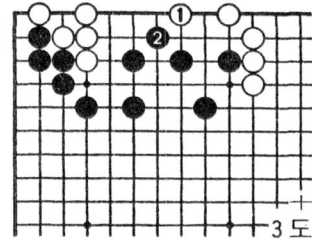
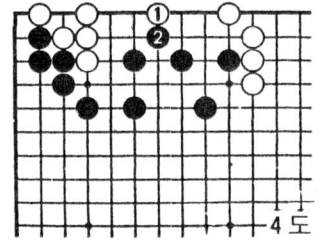

### 3도 (실패)

이 백1은 흑2의 마늘모 붙임 수가 있어서 실패다. 이렇게
되면 왼쪽 윗귀가 20집 정도의 흑집이 되므로  잡히는  것은
커다란 손해라는 것을 확인할 수 있다.

### 4도 (실패)

백1로 두칸 벌리는 것 역시 흑2의 마늘모 붙임 수가  있
어 실패다. 2의 곳이 쌍방의 급소.

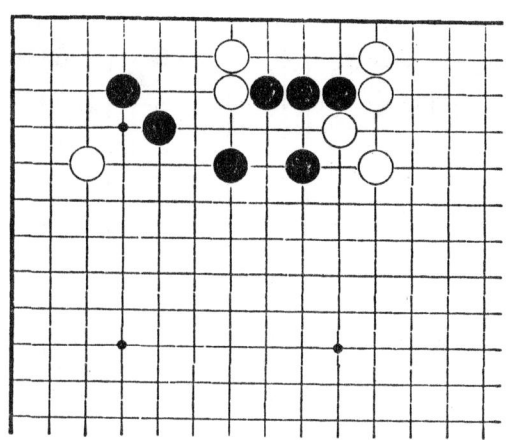

# 제29문

## 백이 먼저 둘 때

흑에게 갇힌 백 두 점에 관한 생사 여부가 이 문제의 주요 포인트이다.

이 문제는 실전에서도 자주 나타나는 문제이다. 따라서 주의깊게 살펴 두어야 할 것이다.

여기에서는 정석으로 두는 것이 바람직하다.

자, 어떻게 두어야 할까?

수를 찾아 보자.

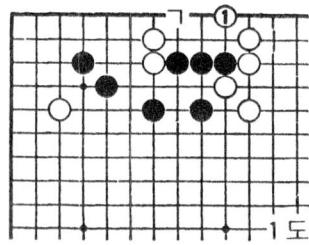

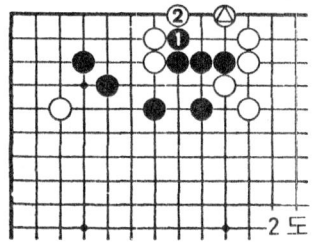

1도 (정석)

백1이 정석이다.

이렇게 가볍게 마늘모 붙임 해서 좋다. 같은 이유에서 백 ㄱ에 두어도 넘기는 하지만, 패를 쓰는 경우에 끊기는 일도 있으므로 백1이 좋다.

2도 (계속)

백△에는 흑1, 백2이다.

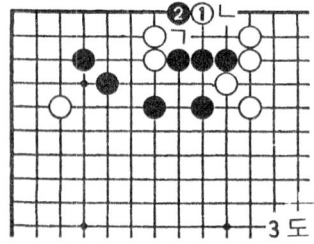

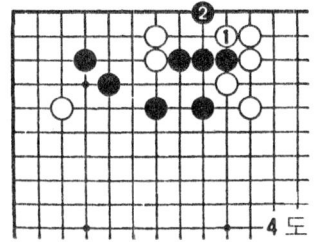

3도 (실패)

보통 초보자들은 백1의 날일자로 착수하여 흑2로 끊기고 만다.

백ㄱ에 두면 흑ㄴ, 백ㄴ에 두면 흑ㄱ으로 실패한다.

4도 (실패)

이렇게 백1로 구부려도 실패한다. 흑2의 곳에 뛰면 백은 끊기고 만다.

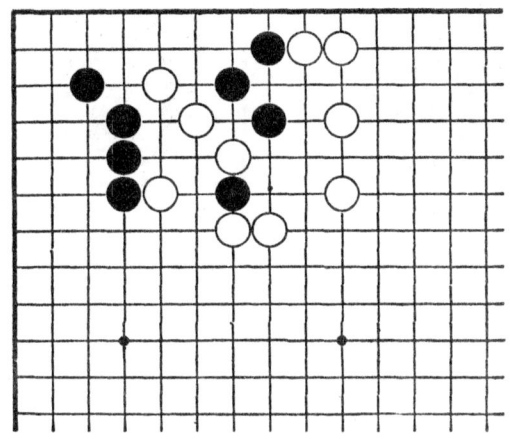

# 제30문

## 흑이 먼저 둘 때

현재 흑 4점이 백에 의해 포위되어 있다. 이 흑 4점이 어떻게 하면 왼쪽의 흑 세력과 연결될 수 있을까?

넘어가는 수의 기량을 테스트하는 문제이다.

나의 급소가 곧 적의 급소이고, 적의 급소가 곧 나의 급소라는 사실을 염두에 두고 수를 찾아야 한다.

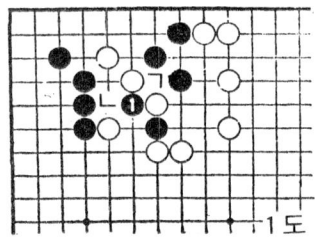

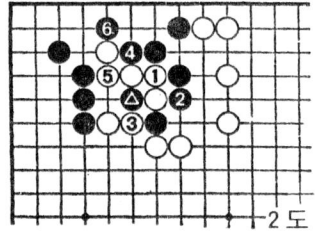

1 도 (정석)

혹 1 에 대해 백ㄱ에 두면 2 도가 되고 또 백ㄴ에 두면 3 도가 되어 양쪽 다 혹은 성공적으로 넘는다.

2 도 (계속)

혹△에 백 1 이면 혹 2, 백 3 다음 혹 4, 백 5, 혹 6 으로 넘어간다. 백은 자충이 되기 때문에 혹을 막지 못한다.

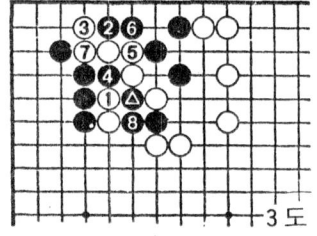

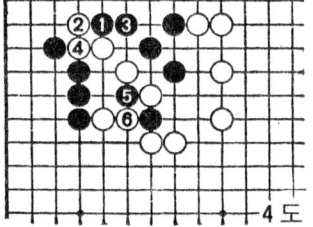

3 도 (변화)

혹△에 백 1 하면 혹 2 로 붙여 둔다. 백 3, 혹 4, 백 5, 혹 6 까지 혹의 넘는 작전은 성공이다. 백 7 하면 혹 8 로 잇는다.

4 도 (실패)

단순하게 혹 1, 3 으로 두면 백 2, 4 로 막게 되며 이 다음 혹 5 에 두어도 백 6 하면 혹은 넘어가지 못한다.

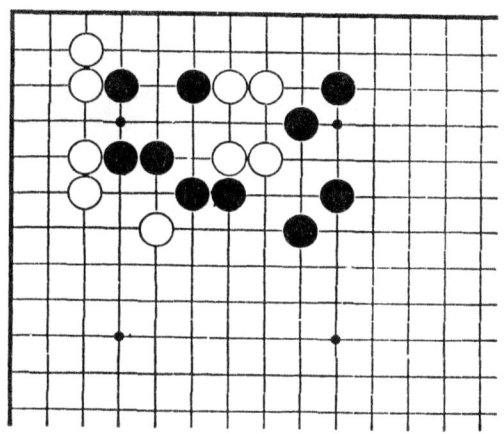

# 제31문

**백이 먼저 둘 때**

흑에게 포위되어 있는 백 4점이 왼쪽의 백 세력과 연락을 취하기 위하여서는 어떠한 수순을 밟아야 하는가?

이 문제는 그다지 어렵지 않으므로 어느 정도 수읽기에 자신이 있는 사람이라면 무난히 풀 수 있을 것이다.

여기에서는 무엇보다도 제 일착이 중요하다. 급소를 찌르지 않으면 안된다.

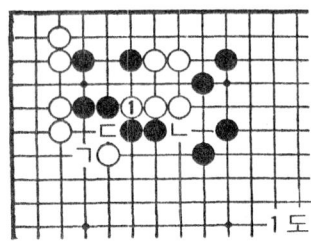 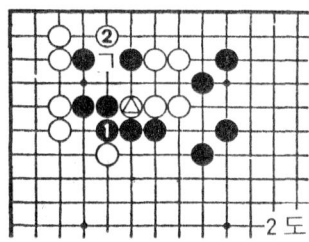

1 도 (정석)

백 1 로 뻗는 것이 정석이다.

흑 ㄱ으로 건너 붙이는 것은 백 ㄴ이 있으므로 흑 ㄷ은 필연적이다.

2 도 (계속)

백 △에 흑 1 일 때 백 2 이다. 이 백 2 가 급소여서 흑의 정비되지 않은 모양의 약점을 추궁하고 있다.

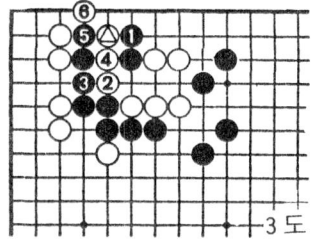 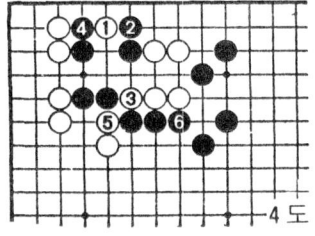

3 도 (계속)

백 △에 대해 흑 1 로 백을 넘지 못하게 방해하면 백 2, 흑 3, 백 4, 흑 5 에 백 6 으로 결국 백은 넘어 간다.

4 도 (실패)

수순이 틀려서 백 1 부터 두면 흑 2, 백 3 하면 흑 4 로 저항하는 강경수단이 있어 백 5, 흑 6 이 되므로 이것은 오히려 백이 궁지에 몰리게 되어 실패다.

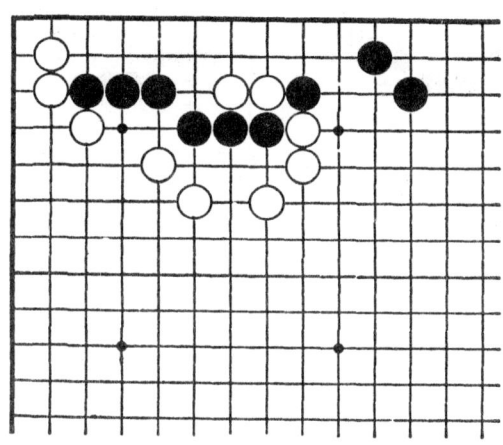

## 제32문

**백이 먼저 둘 때**

이 문제에서 가장 중요한 것은 수순이다.

백이 첫수를 어디에다가 놓느냐에 따라서 문제의 해결 판도가 달라진다.

만약 초보자라면 우선 흑 한 점에 대해서 단수를 할른지도 모른다. 그러나 그것은 정석이 아니다. 보다 더 기발한 수를 쓰지 않으면 안된다.

그렇다면 어떤 착수를 시도해야 할까?

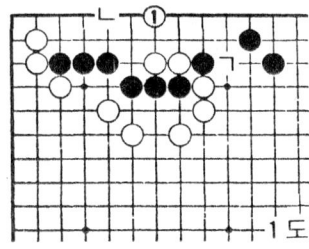 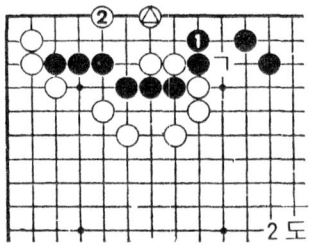

1도 (정석)

백 1이 정석이다.

이 백 1은 ㄱ과 ㄴ을 맞보는 훌륭한 수여서 흑 여섯점을 완전히 포로로 사로잡아 버린 묘수이다.

2도 (계속)

백△일 때 흑이 백ㄱ을 방지해서 흑 1에 두면 백은 2로 넘어가 버린다.

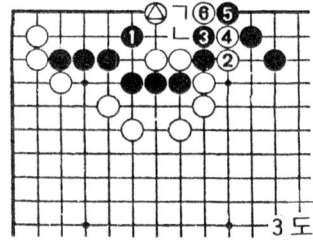 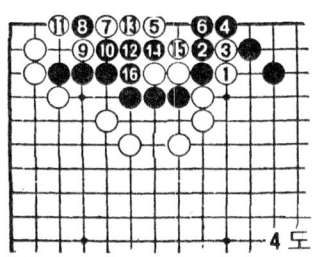

3도 (변화)

백△일 때 흑 1로 넘지 못하도록 막으면 백은 2로 단수해서 흑 3으로 두면 백은 **계획대로 백 4** 이하 연단수로 잡게 된다. 백 6 다음 흑ㄱ, 백ㄴ이다.

4도 (실패)

백이 먼저 1로 둔 다음 3, 5에 두면 흑 6으로 이어버려 백 7에 두어도 흑 8부터 흑 16까지로 석점이 잡힌다.

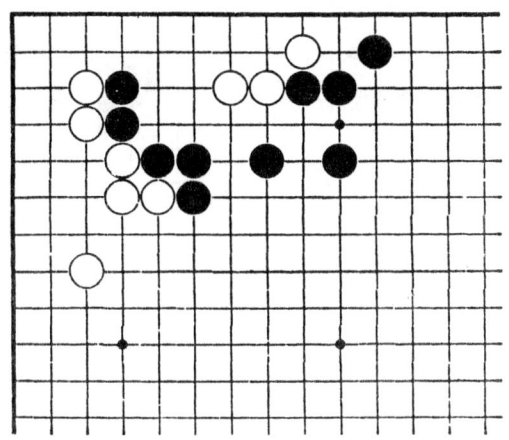

# 제33문

**백이 먼저 둘 때**

오른쪽의 백 3 점이 왼쪽의 백과 연결해 나가는
수는 없는가?

여기에서는 백이 흑과의 접근전을 불사하지 않
을 수가 없다. 단순하게 넘어가는 수는 존재하지
않는다. 화끈한 한 수가 필요한 곳이다.

넘어가는 묘맥을 짚지 않으면 안된다. 급소가
바로 묘맥이다.

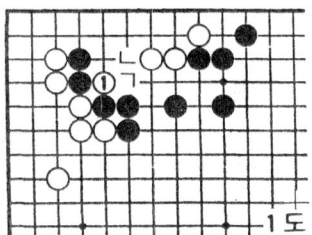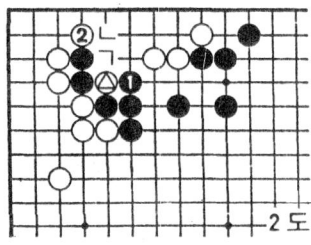

1 도 (정석) 백 1 이 정석이다.

이에 대해서 흑ㄱ으로 응수하면 2도가 되고, 또 흑ㄴ으로 응수하면 3도가 된다.

2 도 (계속)

백△에 흑 1 이면 백 2 이다.

이 다음 흑ㄱ에 두면 백ㄴ이고 흑ㄴ에 두면 백ㄱ으로, ㄱ과 ㄴ을 맞보아 백은 여유만만하게 넘어간다.

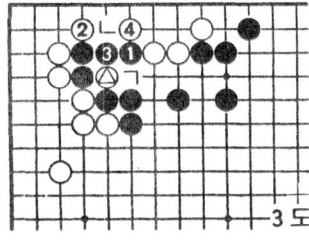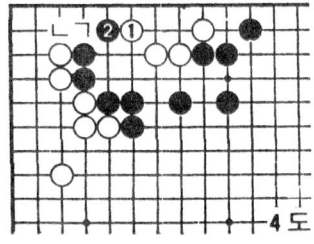

3 도 (변화)

백△에 흑 1 이면 백 2 가 된다. 흑 3, 백 4 하여 이것도 가볍게 넘어 간다.

4 도 (어려움)

백 1 의 마늘모 붙임 수는 흑 2 의 응수를 당하면 어렵게 된다. 이 다음 백ㄱ을 생각할 수 있지만 흑ㄴ으로 백이 위험해진다. 알기 쉬운 정석으로 두어야 한다.

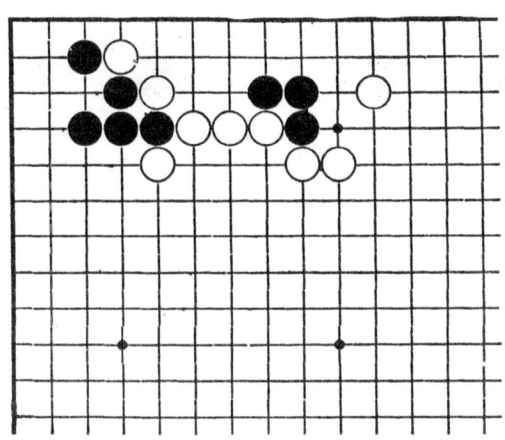

# 제34문

**흑이 먼저 둘 때**

흑은 과연 백의 벽을 뚫고 살아나갈 수가 있을까?

이 문제는 실전에서 자주 나타나는 문제이며, 또한 많이 응용되는 문제이다. 여기에서는 어차피 백과의 일전에서 흑이 삶을 도모해야 한다는 것이다.

끊음의 묘를 되새겨 보자. 그리고 차분한 한 수를 위한 수읽기를 하여 보자.

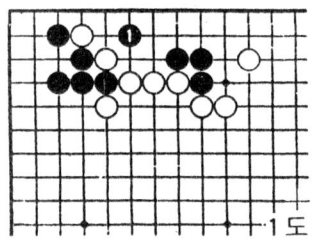 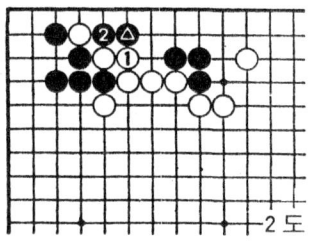

1 도 (정석) **혹 1**이 정석이다.

혹 1에 선착하는 것과 백 1로 선착하는 것과의 차이는 출입(出入) 30집의 **상당한 수**이다.

2 도 (계속)

백 1, 혹 2로 되는 정도이다. 백 2로 이으면 혹 1로 전부 잡아 버린다 무엇보다도 ◉가 급소이기 때문에 백은 도리가 없다.

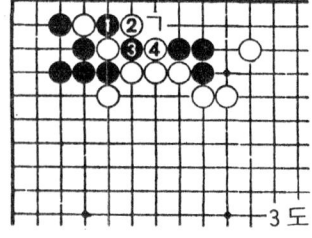 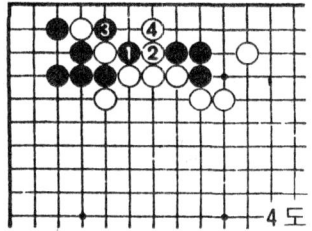

3 도 (실패)

정석의 수를 두지 않고 이 혹 1이면 백 2, 혹 3, 백 4일때 다시 혹ㄱ으로 끊어 패가 된다. **가볍게 넘어갈 수 있는 것을 패로 만들어서는 안된다**.

4 도 (부족)

이 **혹 1, 3도 썩 좋지는 못하다**.

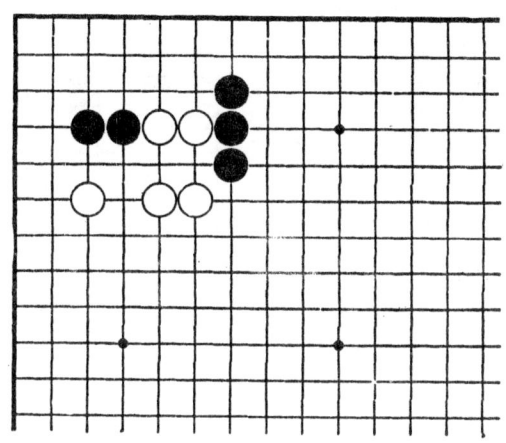

# 제35문

**흑이 먼저 둘 때**

이 그림은 그다지 어려운 문제가 아니다. 그렇다고 아무렇게나 두어서는 결코 성공하지 못한다. 어느 정도 초보의 단계를 벗어난 수준에 있는 사람이라면 무난히 문제의 해답을 찾아낼 수 있을 것이다.

이 문제는 실전에서도 자주 응용되는 모양이므로 충분히 익혀 두기 바란다.

자, 수를 찾아 보자.

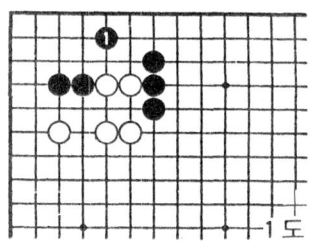 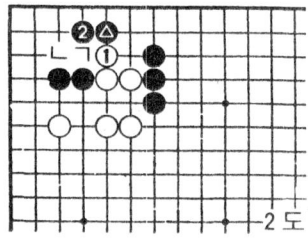

1도 (정석)

흑1이 정석이다.

이 수는 무척 쉬운 것이지만 초보자들은 의외로 찾아 내기 어려운 수다.

2도 (계속)

흑▲에는 백1, 흑2로 되는 것이 보통이다. 백1로 ㄱ에 두면 흑1로 두어도 좋고 또 흑ㄴ으로 두어도 좋다.

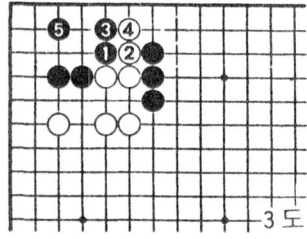 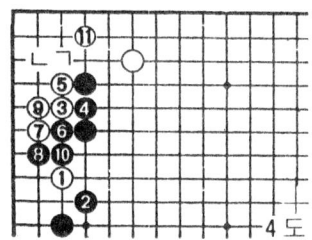

3도 (나쁨)

정석의 넘는 수를 알지 못하고 흑1로 젖혀 백2, 흑3, 백4, 흑5로 사는 것 등은 가장 좋지 않은 방법이라 하겠다.

4도 (접바둑)

접바둑에서 흔히 생기는 모양에서 이처럼 넘어가는 수가 사용된다. 백1로 뛰어 들어 3, 5한 다음 흑10일 때 백11이 이 문제도와 같은 취지의 것이다. 흑ㄱ에 두면 백ㄴ이다.

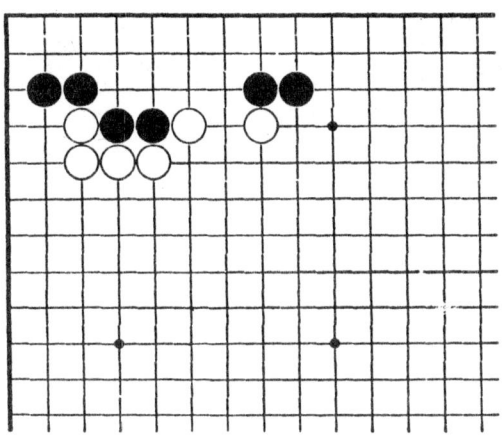

# 제36문

**흑이 먼저 둘 때**

이 문제 역시 그다지 어렵지 않은 문제이다. 초보의 단계에 있는 사람이라 하더라도  수읽기의 힘이 어느 정도 갖추어진 사람이라면 무난히 해답을 찾아 낼 수 있을 것이다.

무턱대고 아무렇게나 두면 결코 목적 달성을 이룰 수가 없다.  신중한 일착이 무엇보다 중요하다.

과연 적정한 수는?

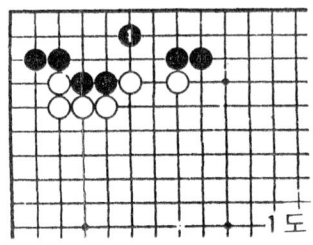

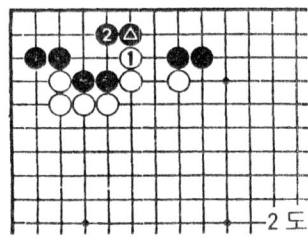

### 1도 (정석)

앞문제보다 약간 모양이 복잡해 보이지만 방법은 앞 문제와 같은 것이다.

이 흑1로 완전히 넘어간다.

### 2도 (계속)

여기서도 이 다음 백1, 흑2가 예상된다.

또 백1로 두는 대신 백2에 두면 3도가 된다.

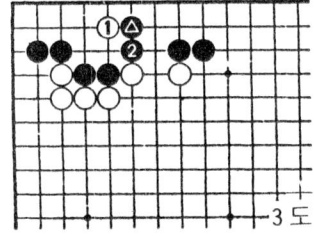

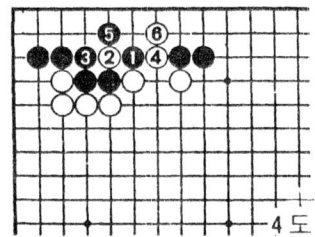

### 3도 (변화)

흑▲에 대해서 백1로 붙여 오면 어떻게 될까? 이 경우에는 흑2로 강력하게 응수하면 그만이며 백1은 쓸데없이 돌을 버린 것이 된다.

### 4도 (실패)

성급하게 흑1에 두면 백2로 끊기고 흑3으로 두면 백4로 돌파(突破) 당하고 만다.

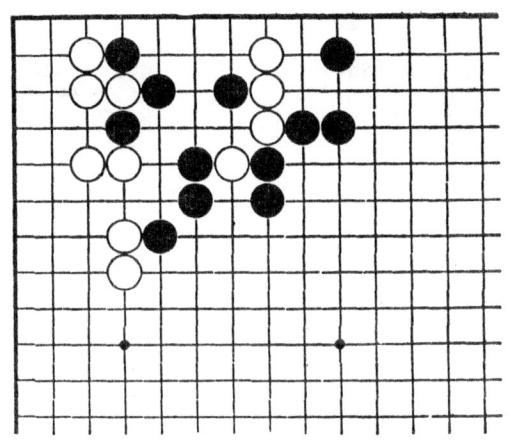

# 제37문

**백이 먼저 둘 때**

흑의 세력권 안에 갇힌 백 4 점이 매우 처량해 보이는 그림이다.

이 문제의 주요 안건은, 이 백 4 점이 어떻게 하면 살 수가 있을까? 또한 과연 흑의 세력권을 뚫고 무사히 탈출할 수 있을까? 또는 과연 오른쪽의 백과의 연결이 가능한가 하는 점이다.

여기에서 결론을 얘기하기는 아직 속단이다. 수읽기를 하여 스스로 판단해 보자.

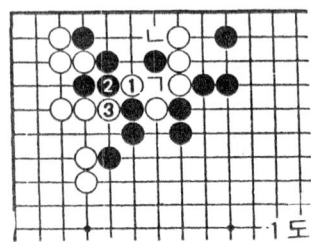 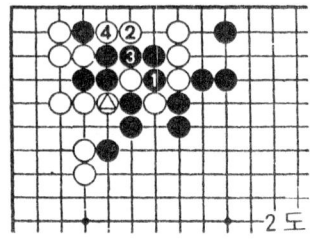

1도 (원본)

원본에는 이 그림과 같이 백1, 흑2, 백3으로 진행시켰다.

그래서 이 다음 흑ㄱ에 두면 2도가 되어 백이 이긴다. 또 흑ㄴ에 두면 3도가 되어 흑이 이긴다.

2도 (계속)

백△일 때 흑1로 끊으면 백2, 흑3, 백4로 넘어간다.

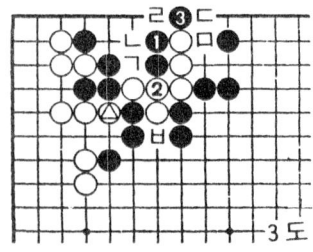 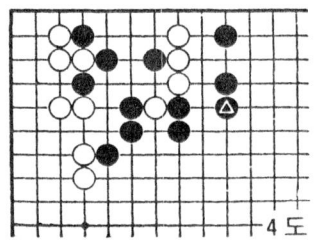

3도 (흑승)

하지만 백△일 때 흑1하면 백2, 흑3이 되어 이 수싸움은 흑이 한수 이긴다. 다음 백ㄱ이하 흑ㅂ이 된다.

4도 (정정)

백이 먼저 둘 경우에 백이 넘는 수를 성립시키기 위해서는 오른쪽을 흑△의 곳으로 위치를 변경시켜 백의 공배를 한수 더 증가시키는 것이 좋을 것 같다.

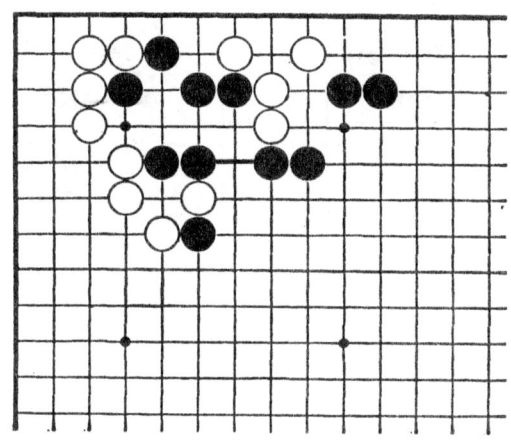

# 제38문

**백이 먼저 둘 때**

이 그림은 흑에게 포위당해 있는 오른쪽의 백 4점이 어떻게 하면 왼쪽의 백과 연결될 수 있느냐 하는 문제이다.

여기에서는 상대방의 약점을 이용하여 급소를 찔러야 한다.

넘어가는 수의 대표적인 모양이다.

흑의 자충을 유도하여 백의 넘어감을 획책해 보는 것도 바람직한 하나의 방법이 될 것 같다.

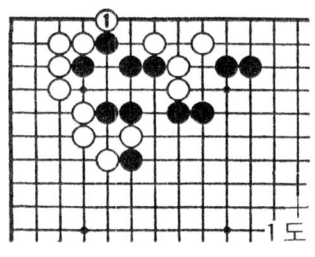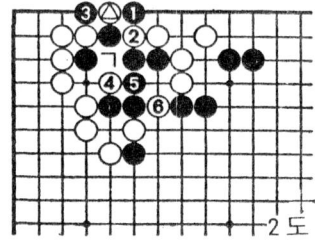

1 도 (정석)

여기서는 백1이 정석이다.

백1이 노리고 있는 것은 흑을 자충(自充)으로 만들려는 것이다.

2 도 (계속)

백△에 흑1, 백2, 흑3은 필연적이다. 이 다음 백4, 흑5, 백6이 묘수이다.

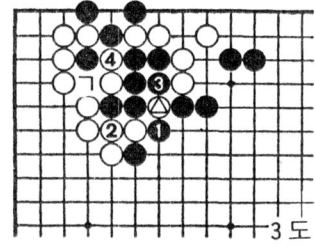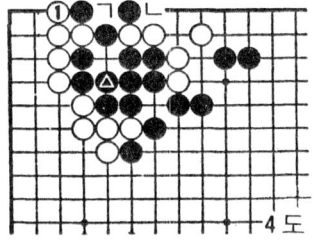

3 도 (계속)

백△에 흑1이면, 백2로 이어 흑3으로 때리게 한다음, 백4의 두점으로 키워서 버리는 것이 훌륭한 작전이다.

4 도 (연단수)

흑●로 백 한점을 때렸을 때 백1에 두면 흑은 ㄱ으로 이을 수가 없다. 왜냐하면 흑ㄴ으로 연단수에 걸리기 때문이다. 3도의 백4가 훌륭한 사석 작전임을 알 수 있다.

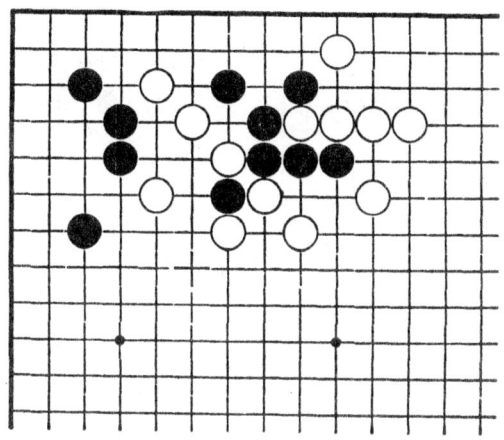

# 제39문

**흑이 먼저 둘 때**

흑이 매우 불리한 입장에 놓여있는 그림이다.

흑은 지금 한 점이 단수로 몰리고 있다. 흑은 이 약점을 전화위복의 계기로 삼을 필요가 있다. 단점을 이용하여 오히려 급소를 노리는 전법을 구사한다면 의외로 문제는 쉽게 풀릴 수가 있다.

자, 그렇다면 흑이 탈출할 수 있는 비장의 묘수는?

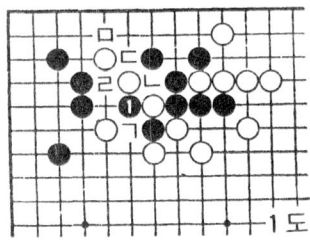
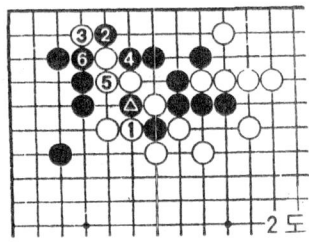

1 도 (정석)

흑 1 이 정석이다.

백ㄱ으로 두면 2 도가 되며 또 백ㄴ으로 두면 흑ㄷ, 백ㄹ, 흑ㅁ으로 가볍게 넘는다.

2 도 (계속)

흑●에 백 1 은 당연한 응수인데, 그러면 흑 2 가 된다. 백 3 에 흑 4, 백 5 일 때 흑 6 으로 끊는다.

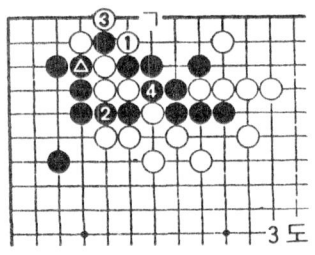
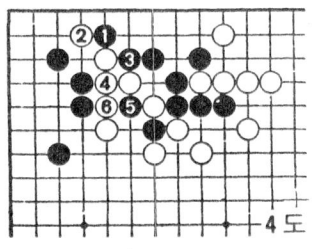

3 도 (계속)

흑●에 대해 백 1 로 끊는다.

그러면 흑 2 로 잇는다. 백 3, 흑 4, 백 이음, 흑ㄱ으로 뛰면 이것으로 수싸움은 흑이 이긴다.

4 도 (실패)

먼저 흑 1, 3 으로 둔 다음에 흑 5 하면 이번에는 백 6 으로 응수하므로 정해도와 같이 되지 않는다.

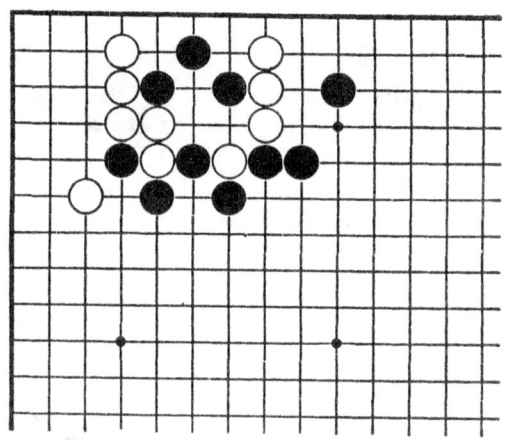

# 제40문

### 백이 먼저 둘 때

흑에 의해 끊겨진 백을 연결시킬 수 있는 묘안
은 없을까?

물론 수는 있다. 그러나 그 수순을 올바로 밟
기 위해서는 먼저 경과도를 머릿속에 그려볼 필
요가 있다. 만약 수순이 올바르지 못하면 넘어가
는 수가 성립하지 못한다. 그러므로 무엇보다도
수순에 신경을 써야 한다.

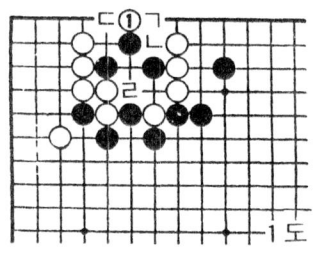 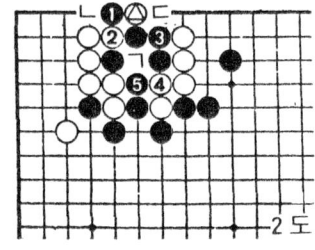

1 도 (정석)

백 1 이 정석이다. 이 모양은 '좌우동형'이므로 중앙에 수가 있다. 흑ㄱ은 백ㄴ, 흑ㄷ, 백ㄹ로 알기 쉽다.

따라서 흑은 ㄷ 에 둔다.

2 도 (계속)

백△에는 흑 1 이다. 백 2 로 뻗으면 흑 3 으로 저항한다. 백 4, 흑 5 는 필연적이며 백ㄱ으로 패를 때린다.

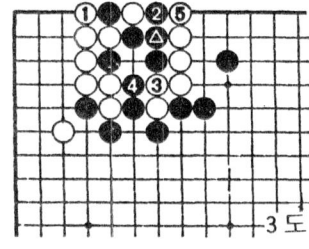 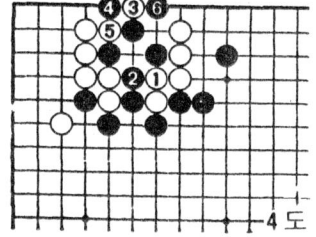

3 도 (양패)

흑▲ ( 2 도의 흑 3 )에 백 1 로 때렸을 경우 흑 2 로 막는 것은 무리여서 백 5 를 당해 양패가 되므로, 흑 넉점은 구출하지 못한다.

4 도 (실패)

백이 먼저 백 1 과 흑 2 를 교환해 버리면 백 3, 흑 4, 백 5 일 때 흑 6 으로 때려서 패가 되므로 이것은 실패이다.

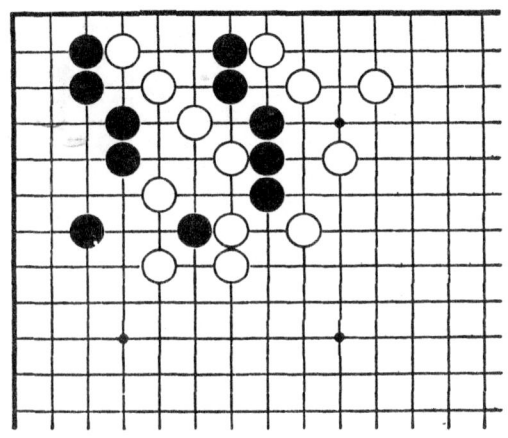

# 제41문

**흑이 먼저 둘 때**

이 문제는 상당히 어려운 수준급의 문제이다. 흑이 백의 세력권에서 벗어난다는 것은 여간 어려운 일이 아니다. 그러나 수는 있으므로 신중을 기하여 수를 찾아 보자.

여기에서 흑은 단숨에 넘어가는 수를 사용해야 한다. 만약 백에게 어떤 여유를 주게 된다면 흑은 결국 실패하게 될 여지가 없지 않다.

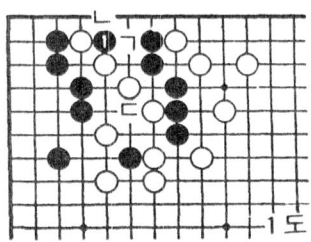

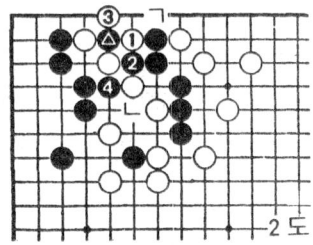

1도 (정석) 백1이 정석이다.

백ㄱ이면 2도, 백ㄴ에 두면 3도가 된다.    흑의 노림수
는 ㄷ이다.

2도 (계속)

흑▲에 백1이면 흑2, 백3, 흑4가 되어 다음에 백ㄱ이
라면 흑ㄴ, 또 백ㄴ이라면 흑ㄱ으로 두어 양쪽을   맞보므로
흑은 왼쪽과 연결된다.

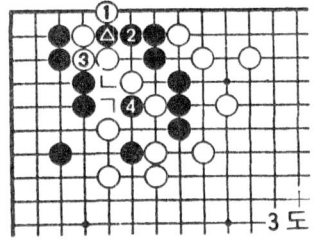

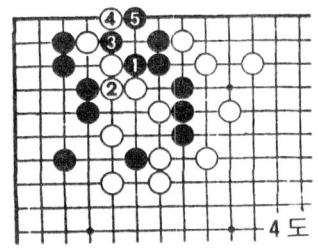

3도 (변화)

흑▲에 백1로 저항해 오면 어렵게 된다. 흑2, 백3일
때 이제까지 노리고 있던 흑4의 곳에 붙여 흑이 이긴다. 백
ㄱ에 두면 흑ㄴ이다.

4도 (패)

먼저 흑1로 두어 백2, 흑3하면 백4의 저항을 받아 흑
5로 패가 된다.

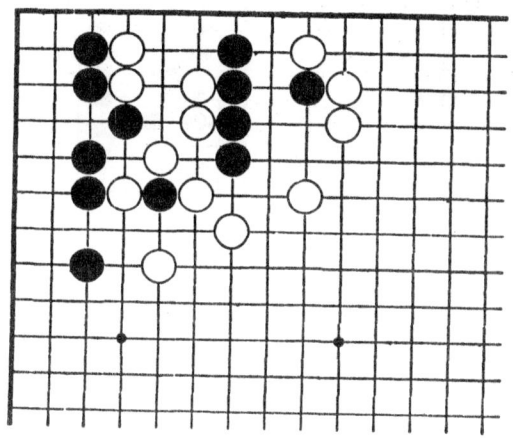

# 제42문

## 흑이 먼저 둘 때

흑선으로 과연 백에게 포위당한 흑 다섯 점이 무사히 밖으로 탈출할 수 있을까? 언뜻 보면 매우 쉬운 것 처럼 보일른지 모르지만 사실은 그렇지가 않다. 이 문제는 실전에서도 자주 응용되는 문제이므로 철저하게 암기해 두기 바란다.

첫착수가 중요하다. 여기에서도 단숨에 넘어갈 수 있는 묘수가 필요하다.

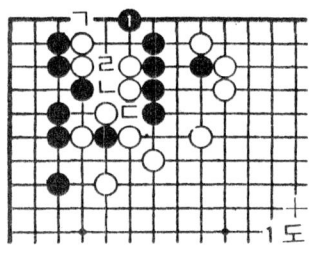

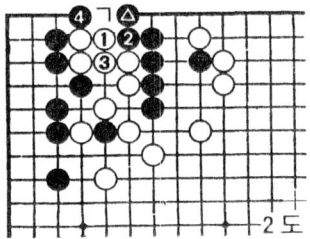

**1도 (정석)**

흑1이 정석이다.

흑ㄱ으로 넘는 수를 방지하기 위해 백ㄱ에 두면 흑ㄴ, 백ㄷ, 흑ㄹ로 좋다.

**2도 (계속)**

흑▲에는 백1인데, 이에는 흑2가 중요하다. 백3으로 둘 수 밖에 없으며 흑4로 넘는다.

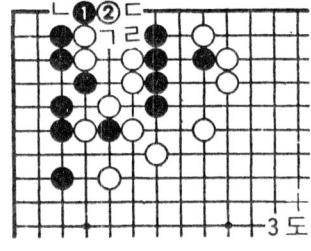

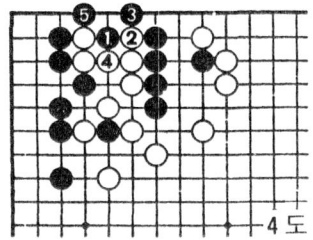

**3도 (패)**

흑1로 젖혀 두는 것이 좋을 것 같지만 그러면 백2로 막 아 패가 된다. 흑ㄱ으로 끊으면 백ㄴ으로 때려, 흑ㄷ, 백ㄹ로 본격적인 패가 된다.

**4도 (패)**

흑1, 백2, 흑3, 백4, 흑5로 두어도 패가 된다.

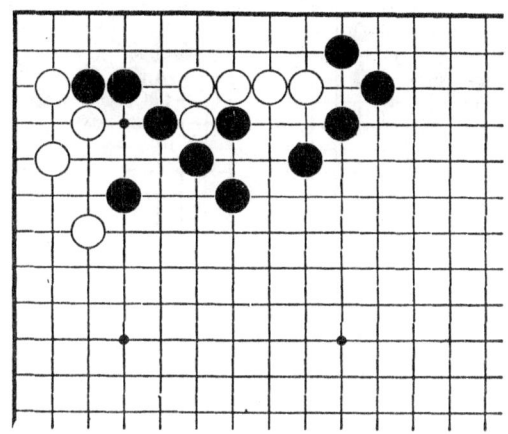

# 제43문

**백이 먼저 둘 때**

혹에게 포위당해 있는 백 5점은 괴롭기 그지없다. 어떻게 해서든지 왼쪽의 백 세력과 연락을 취하고 싶다. 오른쪽의 백 5점이 왼쪽의 백에게로 넘어가기 위해서는 어떤 수순을 밟아야 하는가?

이 문제는 실전의 대국에서 자주 나타나는 문제이므로 철저하게 익혀두는 것이 바람직하다.

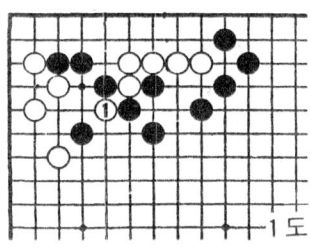

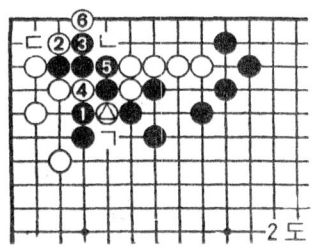

1 도 (정석)

백 1 로 끊는 것이 정석이다.

2 도 (계속)

백△에 혹 1 은 필연적이다. 백 2, 혹 3 을 교환한 다음 백 4 로 끊는다. 혹 5 로 이어도 백 6 의 단수(單手)를 당하므로 이하 혹ㄱ, 백ㄴ, 혹이음, 백ㄷ으로 넘어간다.

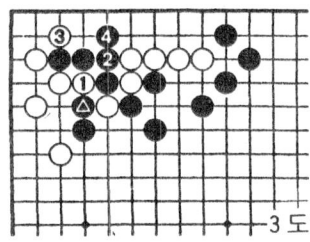

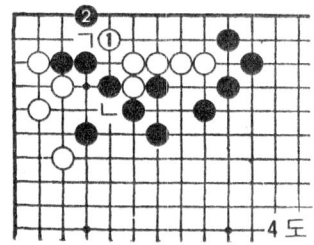

3 도 (실패)

백이 끊어 혹▲했을 경우 먼저 백 1, 혹 2 를 교환해 버리면 다음에 백 3 에 두어도 혹 4 가 되어 백의 실패.

4 도 (실패)

처음에 백 1 하면 혹 2 가 있어 역시 실패다. 혹 2 대신 혹 ㄱ에 두면 백ㄴ으로 끊어 1 도 처럼 되지만, 이 혹 2 에 두면 백은 넘어가지 못해 실패한다.

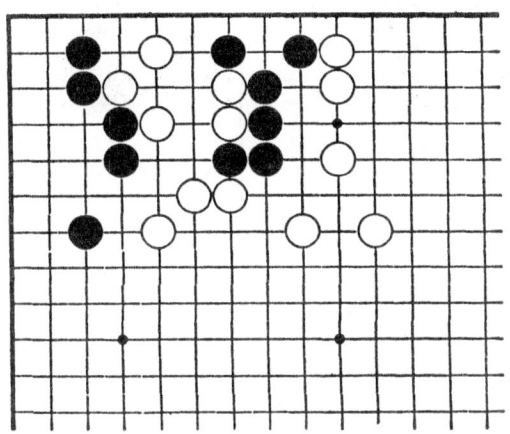

# 제44문

**흑이 먼저 둘 때**

이 문제도 앞의 문제들과 비슷하다. 넘어가기 위해서는 묘수가 필요하다.

여기에서는 정수가 바로 묘수이다. 잘못하면 패가 만들어질 위험성마저 안고 있다. 따라서 흑으로서는 패를 거부하고 곧장 넘어갈 수 있는 방법을 강구해야 한다. 만약 패가 만들어지면 흑이 절대적으로 불리하다. 이 점을 명심하자.

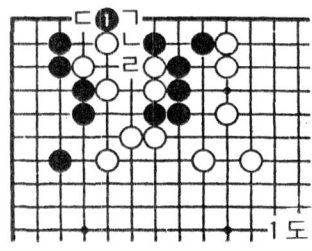
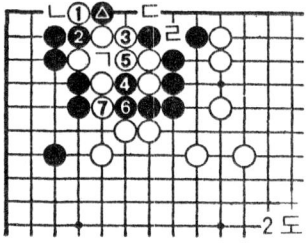

1도 (정석)

흑1로 붙여 두는 것이 정석이다.

이에 대해서 백ㄱ에 두면 흑ㄴ, 백ㄷ, 흑ㄹ이므로 흑의 성공이다. 따라서 백은 ㄷ으로 젖혀 둘 것이다.

2도 (계속)

흑▲에 백1이면 흑2부터 백7까지는 외곬수이다. 이때 흑은 ㄱ으로 패 때린다.

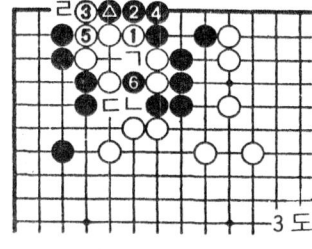
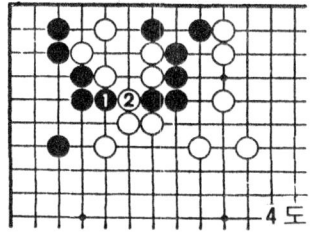

3도 (변화)

흑▲에 백1이면 흑2, 백3에는 흑4, 백5, 흑6으로 젖혀 끼워 흑이 이긴다. 이 다음은 백ㄱ, 흑ㄴ, 백ㄷ, 흑ㄹ이다. 백은 3 대신 ㄴ에 두면 흑5로 두는 정도일 것이다.

4도 (자살)

올바른 수순을 찾지 못하고 이처럼 먼저 흑1과 백2를 교환하는 것은 자살행위로 흑 여섯점은 그대로 죽고 만다.

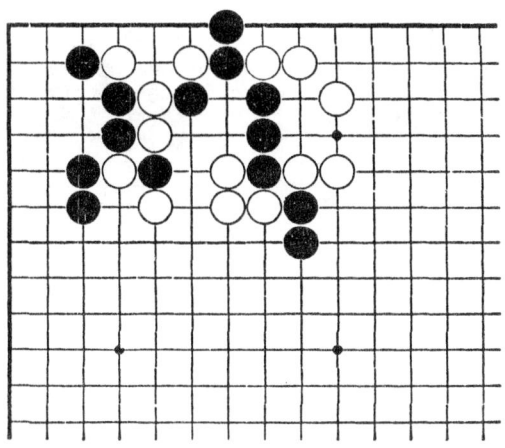

# 제45문

**흑이 먼저 둘 때**

이 문제 역시 앞의 제44문과 유사한 모양의 문제이다.

여기에서도 흑은 급소를 찾는 일이 가장 중요하다. 자칫 잘못하면 패가 성립된다. 만약에 패가 만들어지게 된다면 흑이 한결 불리하다.

이 그림에서 잘 살펴 보면 의외로 쉽게 넘어가는 수가 있음을 발견하게 될 것이다.

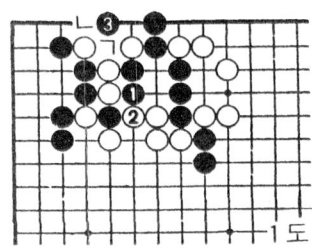 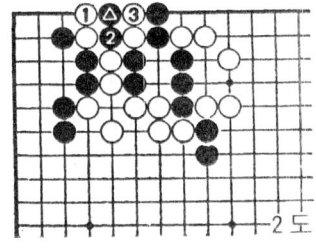

1 도 (정석)

흑 1에 백 2는 필연적이다. 그 때 흑 3이 정석이다.

흑 3에 대해 백 ㄱ으로 이으면 물론 흑은 ㄴ으로 넘는다.

2 도 (계속)

흑 ▲를 넘지 못하도록 백 1로 막으면 흑 2로 두점으로 키워서 버리는 것이 일반적인 수법이다. 백 3하여 두점을 때리면 어떻게 될까 ?

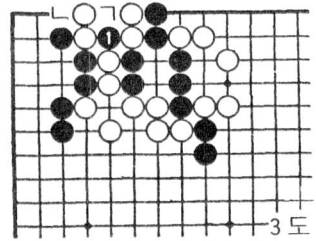 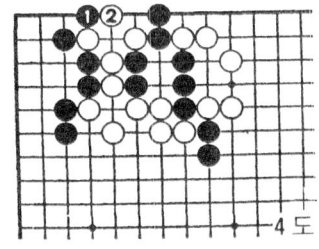

3 도 (계속)

2 도에서 백이 두점을 때린 자리에 흑 1로 먹여친다.

백 ㄱ에 두면 흑 ㄴ이므로 백은 여기서 더 이상 어떻게 할 도리가 없다.

4 도 (실패)

정석의 수순을 알지 못하고 흑 1로 단수하면 백 2로 저항해서 패가 되고 만다. 패로 만들어서는 실패하는 것이다

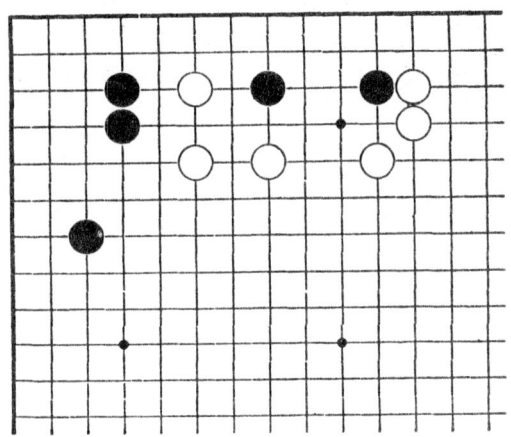

# 제46문

**흑이 먼저 둘 때**

이러한 모양은 실전에서도 자주 나타나는 문제이다. 또한 넘어가는 수의 대표적인 문제이기도 하다.

흑은 어떻게 하면 좌우의 세력을 연결할 수가 있을까?

그다지 어렵지 않은 문제이므로 신중하게 생각한다면 충분히 문제의 해답을 찾을 수 있을 것이다.

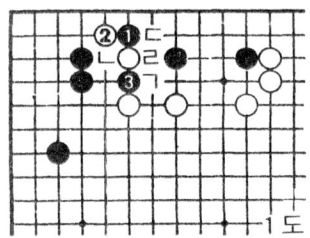

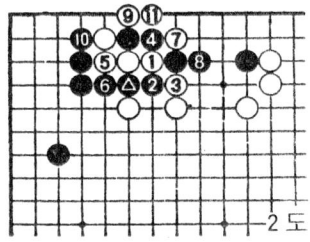

1 도 (정석)

흑1로 붙여 백2일 때 흑은 흑3을 노린다. 다음에 백ㄱ에 두면 흑ㄴ으로 가볍게 넘어 간다. 또 백2로 ㄷ에 두면 흑ㄹ로 이것 역시 가볍게 넘어간다.

2 도 (계속)

흑⦿에는 백1, 3이 최대한의 공격인데, 흑에게는 4에서 6이라는 수순이 있다.

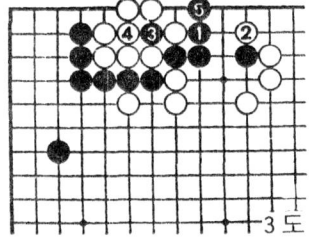

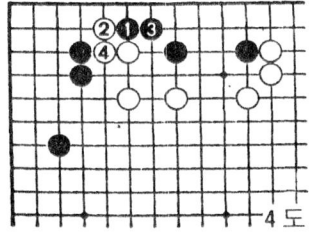

3 도 (계속)

2 도 다음 흑1, 백2일 때 흑3이 상대의 수를 줄이는 일반적인 수법이다.

4 도 (실패)

살기에만 전념해서 흑1, 3하는 것은 비록 집을 만들 수 있는 모양은 갖추지만, 왼쪽윗귀의 자기 진영이 공격당하므로 불리하다. 이렇게 되면 실패가 된다.

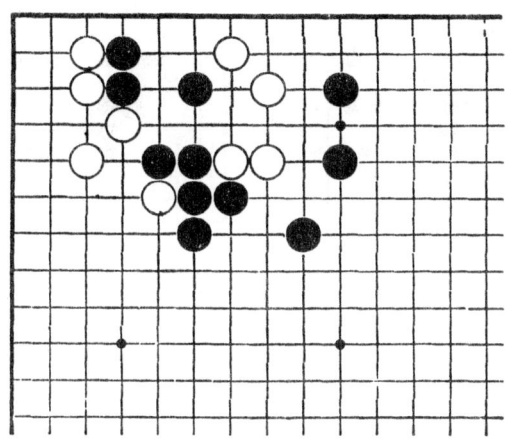

# 제47문

**백이 먼저 둘 때**

백선으로 좌우를 연결해갈 수 있느냐 하는 것이 이 문제의 주요 안건이다.

여기에서는 수순이 가장 중요하다. 왜냐하면 수순에 따라서 여러가지 변화가 생길 수 있기 때문이다.

초보자의 경우에는 아예 수읽기를 무시해 버리는 경우가 많은데, 이것은 결국 자신의 기력(棋力) 향상을 그만큼 저해한다는 사실이다.

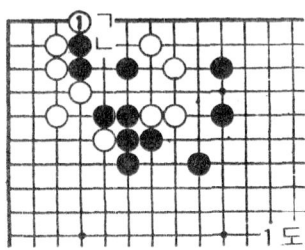 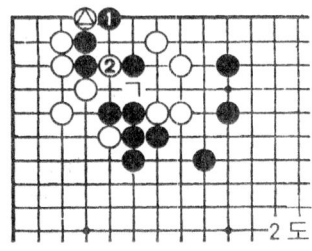

1 도 (정석)

백 1이 정석이다.

흑ㄱ, ㄴ 이외의 수로는 백은 가볍게 넘어가고 만다.

2 도 (계속)

백△에 흑 1이면 백 2 로 끊는다.

다음에 백은 ㄱ의 단점을 노리고 있는데, 흑은 막을 도리가 없으며 실전에서는 흑 1 은 손해이다.

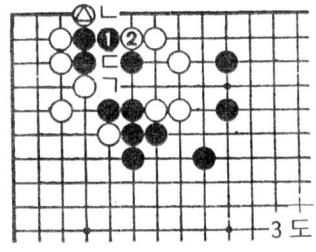 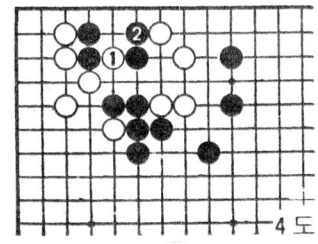

3 도 (변화)

백△에 흑 1이면 백 2 로 뻗는다. 백은 이렇게 해서 ㄱ으로 나가는 수와 ㄴ으로 넘는 수를 맞본다. 따라서 실전에서는 이 다음 흑ㄷ, 백ㄴ이 되는 정도일 것이다.

4 도 (실패)

안이하게 생각해서 백 1에 두면 흑 2 로 구부려서 백의 실패다.

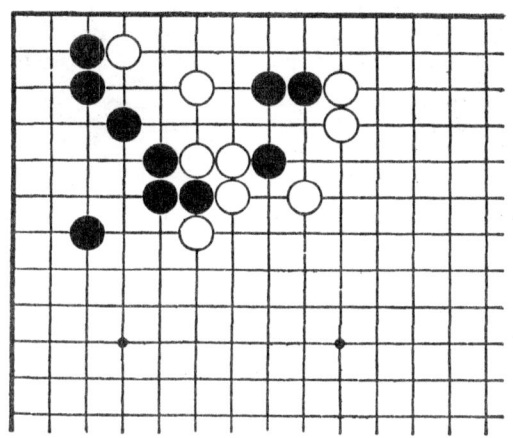

# 제48문

**흑이 먼저 둘 때**

백에 의해 차단 당한 흑 3 점이 어떻게 하면 왼쪽의 흑과 연결될 수 있을까 하는 점이 이문제의 주요 안건이다.

여기에서 가장 중요한 것은 수읽기이다.

무턱대고 아무렇게나 두는 방법은 가장 위험한 자세이다. 첫수부터 마지막 수까지 철저하게 수읽기를 한 후에 한 수 한 수의 차분한 착수가 곧 문제 해결의 실마리를 풀어 준다.

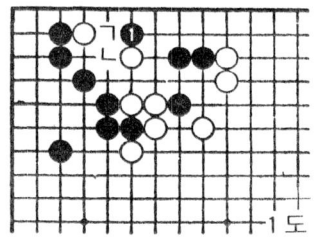
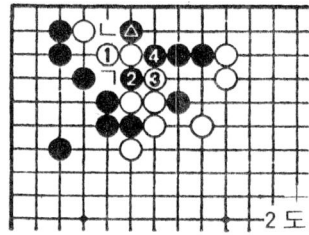

1도 (정석)

흑1이 정석이다.

이에 대해 백ㄱ에 두면 흑ㄴ으로 그만이다. 따라서 백도 흑1에는 백ㄴ으로 응수한다.

2도 (계속)

흑▲에는 백1로 뻗는다. 이것은 흑도 생각한 것이어서 흑2, 백3, 흑4로 된다.

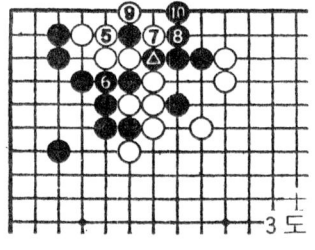
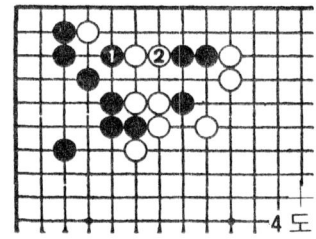

3도 (계속)

흑▲ (2도의 흑4)에 백5로 저항하면 흑6, 백7, 흑8, 백9, 흑10이 되는데 이 수싸움은 흑이 유리해서 백은 재미가 없다.

4도 (실패)

정석의 수순을 찾지 못해서 흑1로 두면 백2로 흑 석점이 그대로 잡히고 만다. 이렇게 되면 흑의 실패로 끝난다.

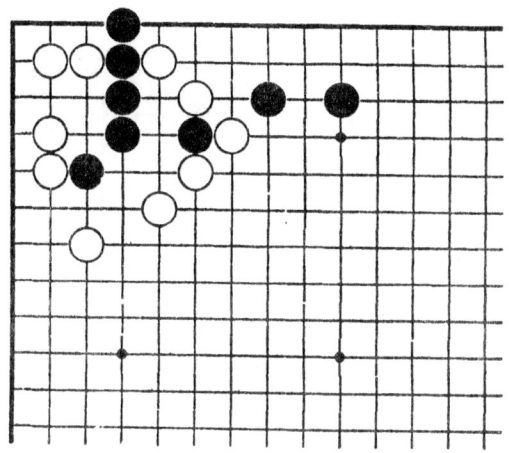

# 제49문

### 흑이 먼저 둘 때

백에 의해 갇혀있는 왼쪽의 흑 여섯 점이 백의 벽을 허물고 밖으로 탈출해 나올 수 있는 수순을 찾는 것이 이 문제의 주요 포인트이다.

이 문제는 그렇게 어려운 문제는 아니지만 그렇다고 쉽게 풀 수 있는 문제도 아니다. 신중을 기하여 수계산을 한 후에 확실한 착수를 하여야 한다.

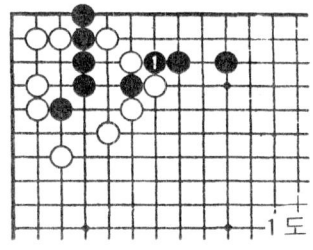

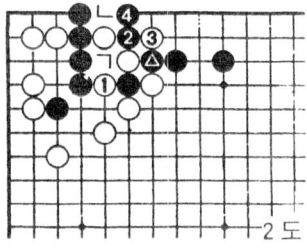

1도 (정석)

혹1이 정석의 첫단계이다. 혹은 왼쪽과 오른쪽의 돌을 한꺼번에 연결시킬 것을 계획하고 있다.

2도 (계속)

혹▲에 백1로 끊는다.

혹2가 결정적인 제2탄이다.

백3, 혹4일 때 백은 혹을 끊을 수가 없다.

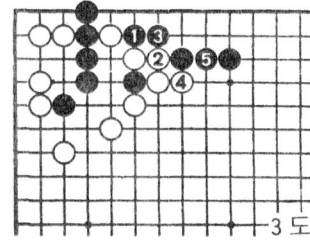

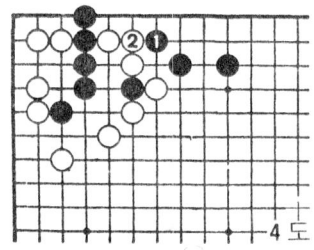

3도 (비교)

혹1로 두어도 넘는다. 하지만 백2, 혹3, 백4, 혹5가 되므로 2도에 비하면 약간 손해이다. 이런 문제에서도 손해가 되지 않는 수순을 골라야 한다.

4도 (실패)

혹1과 백2를 교환하는 것은 너무나도 좋지 않은 수법이다. 2도와 비교하면 출입(出入)이 약 20여집의 차이가 난다.

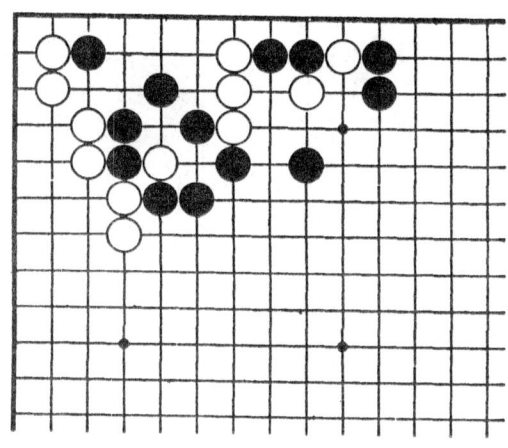

# 제50문

## 백이 먼저 둘 때

흑의 세력 속에 갇힌 백 다섯 점이  탈출하여 삶을 도모할 수 있는 묘책은 무엇인가?

이 문제에서도 역시 올바른 수순이 중요한  과제로 등장한다. 백은 급소를 찔러서 탈출구를 만들지 않으면 안될 것이다.

과연 적정한 수순은 어떻게 되는가?

수읽기의 힘을 이용하여 경과도를 그려  보고 묘수를 찾아 보자.

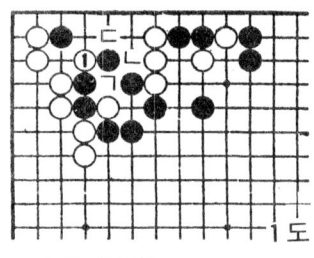

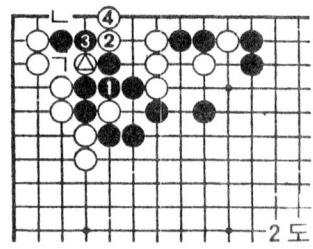

1도 (정석)

이에 대해 흑ㄱ으로 응수하면 2도, 흑ㄴ으로 응수하면 3도가 된다. 백1로 ㄷ에 두면 4도가 되어 실패다.

2도 (계속)

백△에 흑1로 이으면 백은 다시 2로 젖혀 둔다. 흑3일 때 백4로 내려서는 수가 원본에서의 묘수인데, 흑ㄱ에 두면 백ㄴ으로 넘어가 버린다.

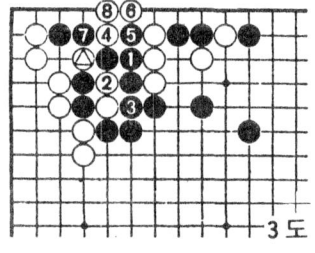

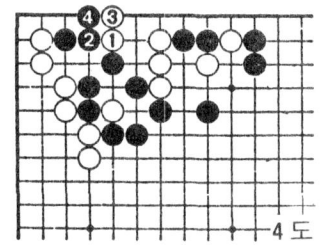

3도 (변화)

백△에 흑1이면 백2로 빵때리고 흑3일 때 백4, 6으로 넘어가서 좋다. 흑7로 두어도 백8로 그만이다.

4도 (실패)

백1에 흑2, 백3은 흑4로 평범하게 응수당해 어떻게 할 수가 없다. 이렇게 되어서는 실패다.

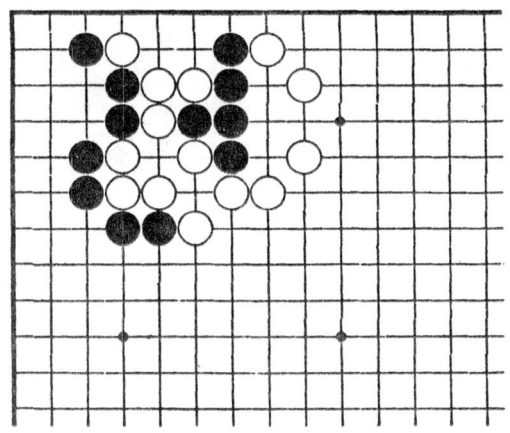

# 제51문

**흑이 먼저 둘 때**

흑 다섯 점이 백의 벽을 허물고 빠져나가기 위해서는 묘맥을 짚어야 한다.

초보자의 경우, 이러한 문제가 나오면 윗변 제이선에 있는 백 한 점에 대하여 단수를 하는 경우가 많다. 그러나 그것이 결국은 최선의 수가 아니라는 것을 곧 알게 된다. 곧장 넘어가는 수를 찾아야 한다. 그 수가 반드시 있다. 그렇다면 그 수를 찾아 보자.

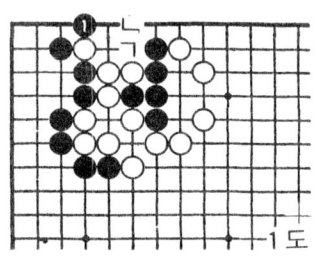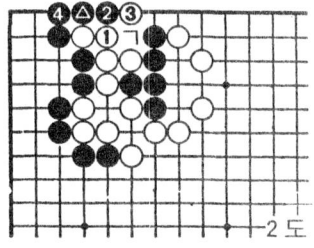

1도 (정석) 흑1이 정석이다.

당연히 백ㄱ으로 응수하며, 그러면 흑ㄴ으로 가볍게 넘어간다.

2도 (계속)

흑▲에 백1로 이으면 흑은 즉시 2로 나가는 것이 좋으며 백3에는 흑4로 잇는다. 이렇게 되면 백은 자충수가 되어 ㄱ으로 이을 수가 없다.

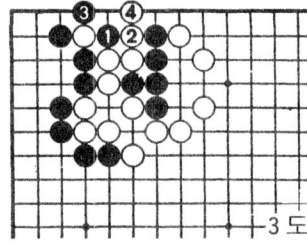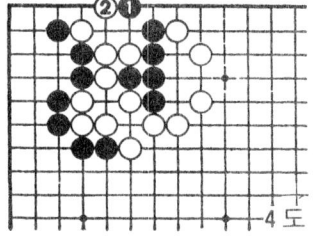

3도 (나쁨)

정석의 수순을 찾지 못하고 이처럼 흑1, 백2, 흑3의 선수끝내기만으로 만족하는 것은 바람직하지 못하다.

4도 (악수)

3도보다 더 악수(惡手)인 것이 이 흑1이다. 백2로 응수당하면 아무런 저항도 못하고 모두 죽게 되어 오히려 적을 도와준 결과가 된다.

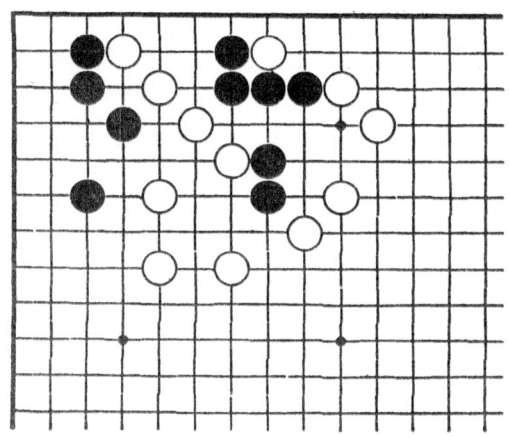

# 제52문

**흑이 먼저 둘 때**

흑선으로 백에게 포위된 오른쪽의 흑 6 점이 과연 왼쪽의 흑에게로 무난히 탈출해갈 수 있느냐 하는 것이 이 문제의 주요 안건이다.

한눈에 백의 세력이 아직 어수선함을 알 수 있을 것이다. 흑은 이 약점을 이용하는 것이 바람직하다.

윗변을 통해 넘어가는 것보다 백을 끊어서 육박전을 시도해 보는 것도 그다지 나쁘지 않다.

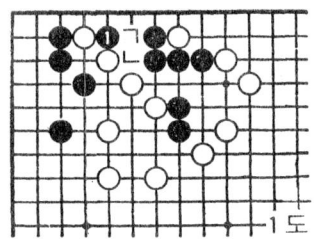

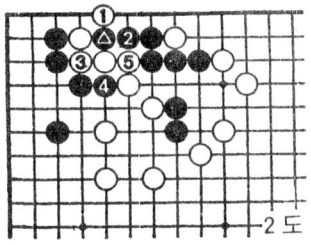

**1 도 (정석)**

혹 1 로 끊는 것이 정석이다.  이 혹 1 을 두지 않으면 백 ㄱ 으로 호구벌려 저항을 하게 된다.

**2 도 (계속)**

혹 ▲ 에는 백 1 이다.

혹 2 로 백 3 을 강요하고 다시 혹 4 로 백 5 를 강요한다.

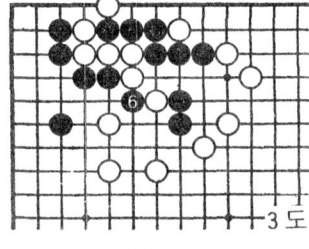

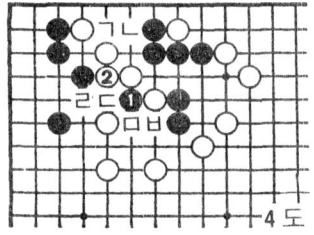

**3 도 (계속)**

계속해서 혹 6 으로 일격을 가한다.

이것으로 백 여섯점은 결국 한 수의 차이로 혹에게 잡히고 마는 신세가 되었다.

**4 도 (실패)**

제 1 착을 혹 1 의 곳에 붙여 두면 백 2 의 저항을 받아 혹 의 실패가 된다. 이 다음 혹 ㄱ 에 두어도 백 ㄴ 으로 잡히며, 혹 ㄷ 은 백 ㄹ, 혹 ㅁ, 백 ㅂ 의 수순으로 백을 끊지 못한다.

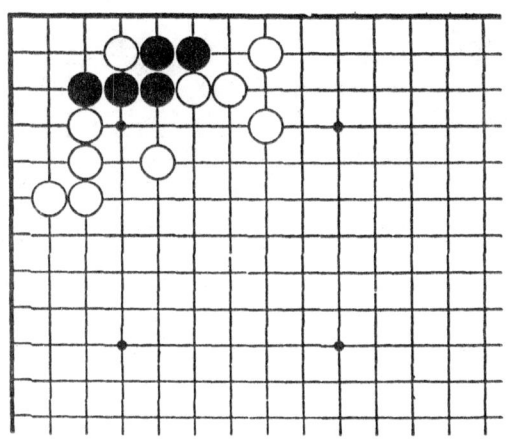

# 제53문

**백이 먼저 둘 때**

흑의 품 안에 갇힌 백 한 점을 이용하여 외세의 백이 귀의 흑을 공략하려는 것이 이 문제의 주요 포인트이다.

어떻게 하면 귀의 흑을 효과적으로 공략할 수 있을까?

여기에서는 보다 과감한 전격 특공 작전이 필요하다. 소극적인 자세는 흑의 사기를 저하시키지 못한다.

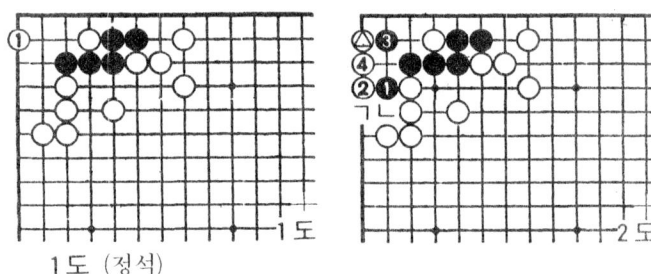

1 도 (정석)

단독으로 적진에 뛰어든 느낌이 들긴 하지만, 이렇게 하면 흑에게 잡히지 않고 오히려 흑의 집을 파괴하여 잡게 된다.

2 도 (계속)

백△에 대해 흑 1 이면 백 2 로 둔다. 흑 3 에 백 4 하여 넘어간다. 또 흑 3 에 두지 않고 흑 ㄱ에 두어도 백 4 로 이으면 결국 흑 3, 백ㄴ이 된다.

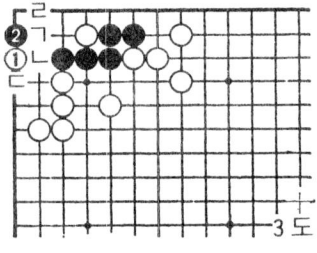

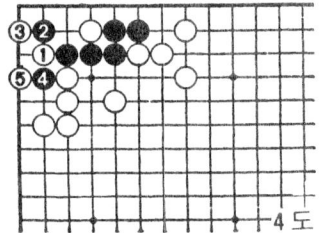

3 도 (실패)

백 1 로 한칸 가깝게 침입하면 흑 2 로 붙여온다. 이렇게 되면 백ㄱ, 흑ㄴ, 백ㄷ, 흑ㄹ의 패가 되어서 실패다.

4 도 (실패)

여기서 가장 평범한 것이 이 백 1, 3 이다.

이것은 흑 4 로 끊게 되어 백 5 로 패싸움이 된다.

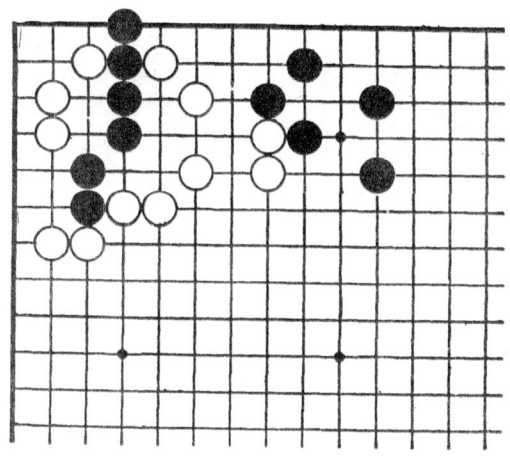

# 제54문

**흑이 먼저 둘 때**

이 문제는 그다지 어려운 문제가 아니므로, 누구나 쉽게 문제의 해답을 찾을 수 있으리라 믿는다.

여기에서는 경과도에 관한 수읽기를 할 필요가 있다. 현재 오른쪽에 있는 흑의 세력이 막강하므로 그것을 이용하여 탈출구를 만드는 것이 보다 바람직한 방법일 것 같다.

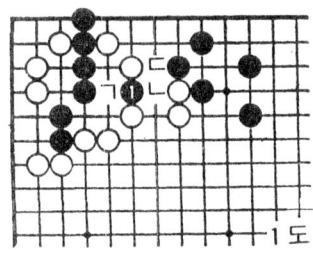 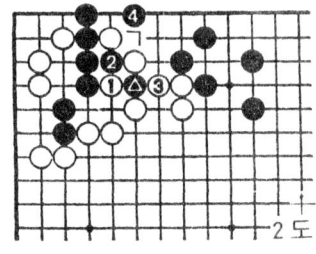

1도 (정석)

혹 1에 대해 백은 ㄱ, ㄴ, ㄷ으로 응수하는 세가지가 있다. 백ㄱ에 두면 2도가 되고, 혹ㄴ에 두면 3도가 되고, 백ㄷ에 두면 4도가 된다.

2도 (계속)

혹▲에 백 1로 단수하면 혹 2로 같이 단수하여 백 3으로 뻗는다. 혹은 4로 넘어간다.

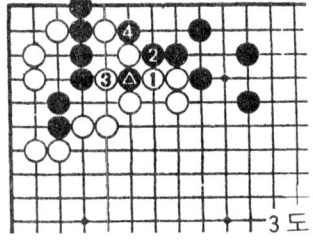 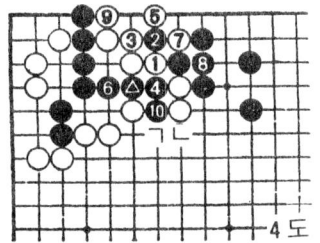

3도 (변화)

혹▲에 가볍게 백 1로 뻗는다.

혹 2로 치받아 백 3으로 때렸을 때 혹 4로 넘어간다.

4도 (변화)

이것은 가장 복잡한 변화로 혹▲에 백 1로 뻗는다. 혹 2, 백 3, 혹 4일 때 백 5로 단수한다. 혹은 6의 곳에 이어 백을 살려주고 10의 곳으로 달아난다. 백ㄱ에는 혹ㄴ.

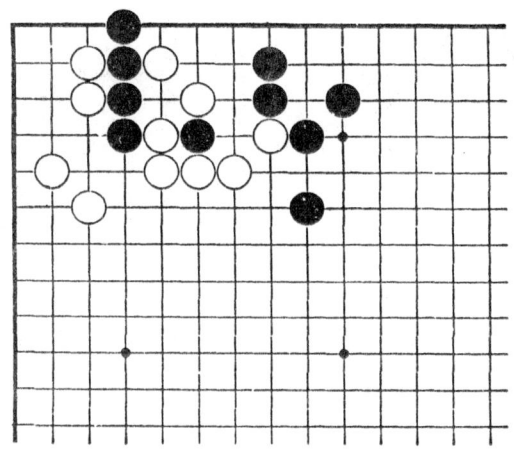

# 제55문

**흑이 먼저 둘 때**

이 문제는 상당히 어려운 문제이다. 흔히 이러한 문제가 실전에서 나타나면 대개는 포기해 버리고 만다. 언뜻 보면 결코 흑 4점은 살아서 밖의 흑과 연결될 수 없을 것 같이 보인다.

그러나 수읽기를 할 수 있는 사람이라면 그 미묘한 수순을 찾아내어 삶을 도모할 수가 있을 것이다.

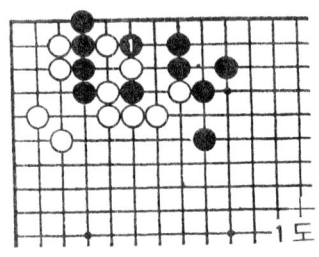 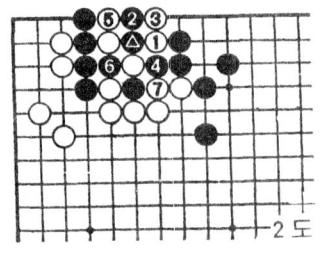

1 도 (정석)

흑 1 이 정석이다. 이처럼 문제로 물어보면 누구나 손쉽게 찾아 낼 수 있지만 실전에서는 실수를 범하는 경우가 많다.

2 도 (계속)

흑❷에 백 1 이고 흑 2 로 내려선 것은 두점으로 키워서 버리려는 것이다. 다음 백 3, 흑 4, 백 5, 흑 6, 백 7 은 외곬수의 진행이다.

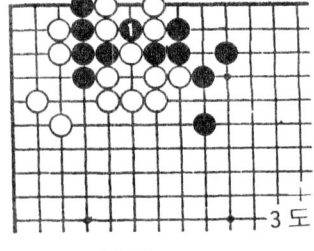 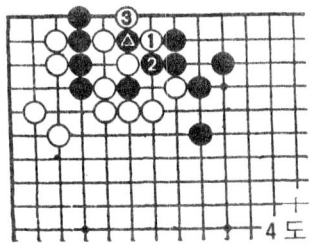

3 도 (계속)

계속해서 흑 1 의 곳에 먹여쳐서 연단수로 잡는다.

이러한 모양이 되는 것도 흑이 두점으로 키워서 버렸기 때문에 백은 자충이 된 것이다.

4 도 (실패)

흑❷를 제대로 두고서도 백 1 일 때 흑 2 로 뻗어 백 3 의 빵때림을 허용하면 후속 수단이 없어서 실패하고 만다.

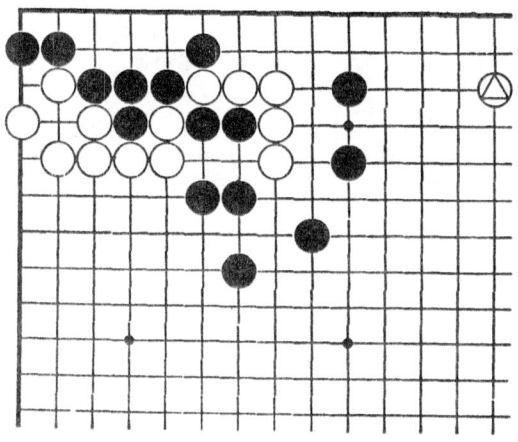

## 제56문

**백이 먼저 둘 때**

이 문제는 의외로 일상적인 대국에서 곧잘 사용되는 유형의 모양이다.

이 문제를 무난하게 풀 수 있는 사람이라면 상당한 실력의 소유자라고 할 수 있을 것이다.

흑에 의해서 차단 당하고 있는 백 다섯 점이 탈출에 성공하기 위해서는 묘수가 필요하다. 백은 귀의 흑이 아직 완전한 삶을 구축하고 있지 못하다는 것을 염두에 두고 착수를 진행하기 바란다.

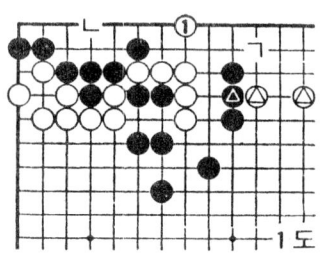 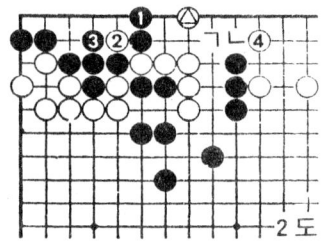

1 도 (정석)

백 1 이 정석이다.

이렇게 하여 백은 ㄱ과 ㄴ을 맞본다.

2 도 (계속)

백△에 흑 1 하여 왼쪽윗귀를 수비하면 백 2 로 한번 끊는 것이 수순이며, 흑 3 으로 응수시킨 다음 백 4 로 둔다.

이곳은 흑ㄱ, 백ㄴ으로 끊기지 않는다.

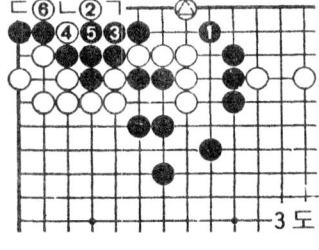 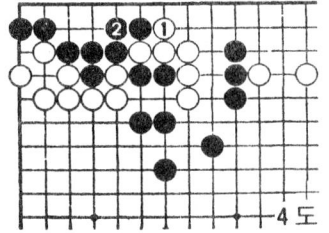

3 도 (변화)

백△에 흑 1 하여 오른쪽으로 탈출하는 것을 방지하면 백 2 로 왼쪽 윗귀에서 싸움이 벌어진다. 흑 3, 백 4, 흑 5, 백 6 으로 패가 된다.

4 도 (실패)

평범하게 백 1 로 두어 흑 2 의 이음수를 허용하면 백은 어떻게 할 수가 없어 모두 죽게 된다.

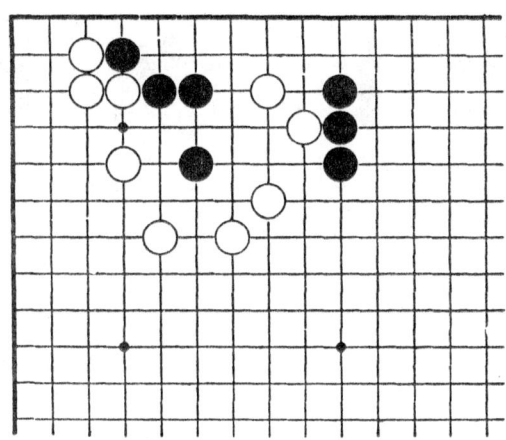

# 제57문

**흑이 먼저 둘 때**

이 문제는 그다지 어려운 문제가 아니므로 금방 해답을 찾을 수 있으리라 믿는다.

여기에서는 첫 착점이 중요한 위치를 차지한다. 어디서부터 시작할 것인지를 신중히 검토하여 넘어감을 시도하기 바란다.

수읽기의 힘을 이용하여 적정한 수순을 찾아 보자.

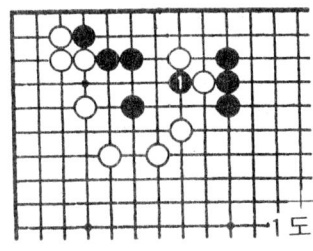

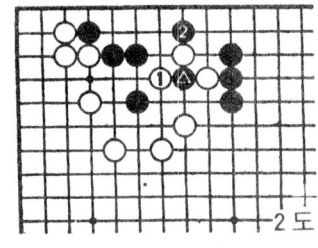

1도 (정석)

백은 한수 더 두기만 하면 모양이 정비 되므로, 흑은 서둘러 흑1로 공격하여 넘는 수가 성립하게 된다.

2도 (계속)

흑▲에 백1, 흑2로 붙여 넘어간다.

백이 어느 쪽을 젖혀 온다 해도 흑▲로 끊은 수가 단수가 되므로 두려워하지 않아도 된다.

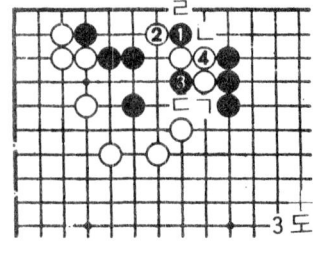

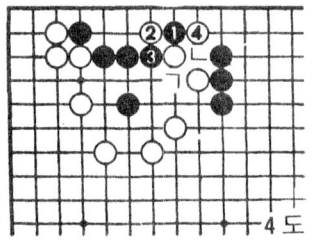

3도 (변화)

먼저 흑1로 붙여둘 수도 있다. 백2를 당한 다음에 흑3 하면 백4로 잇고 흑ㄱ, 백ㄴ, 흑ㄷ, 백ㄹ이 된다.

4도 (실패)

흑1, 백2를 교환하고 나서 흑3으로 끊으면 백4로 단수(單手)한다. 이 다음 흑ㄱ, 백ㄴ이므로 흑은 넘어갈 수가 없다.

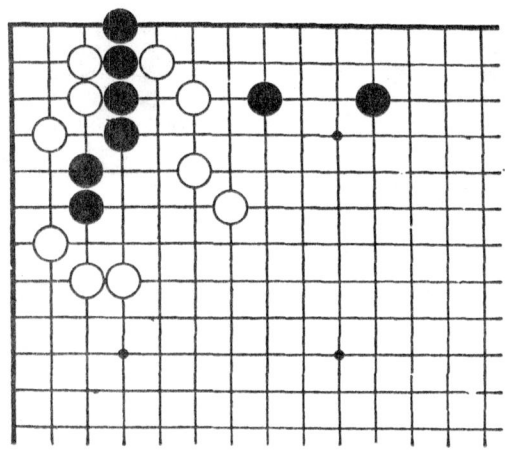

## 제58문

**흑이 먼저 둘 때**

백에게 포위당한 흑 6 점이 오른쪽의 흑과 연락을 도모하기 위해서는 무엇보다도 수순에 신경을 써야 한다.

여기에서도 제 일착이 문제가 된다. 수읽기를 하여 본 다음에 올바른 수순을 강구하여 보자.

제 일착은 ? 그리고 그 다음의 수는 ?

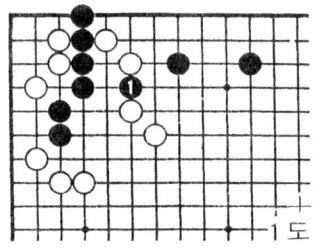 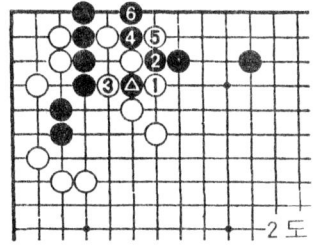

1 도 (정석)

흑 1 로 끼우는 수가 정석이다.

이것이 제 1 단계이다.

2 도 (계속)

백 1 외에는 수가 없다. 그래서 흑 2, 백 3 이 되는데 이것은 바로 흑●의 영향력에 의한 것이다. 흑 4 에 백 5 로 끊는다 해도 흑 6 으로 내려서면 성공이다.

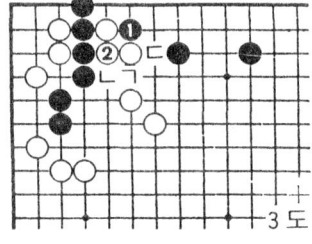 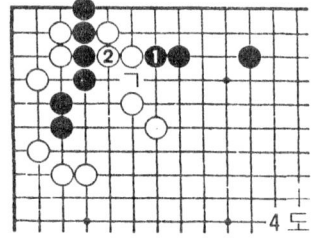

3 도 (실패)

서투르게 먼저 흑 1 로 붙여 두면 백 2 를 당해 넘어갈 수가 없다. 이것은 흑ㄱ에 두어도 백ㄴ이 있어 흑ㄷ이 듣지 않기 때문이다.

4 도 (실패)

흑 1 이면 백은 ㄱ으로 잇지 않고 백 2 로 이어 버린다. 백 2 는 모양이 불만이지만 흑을 넘지 못하게 하고 있다.

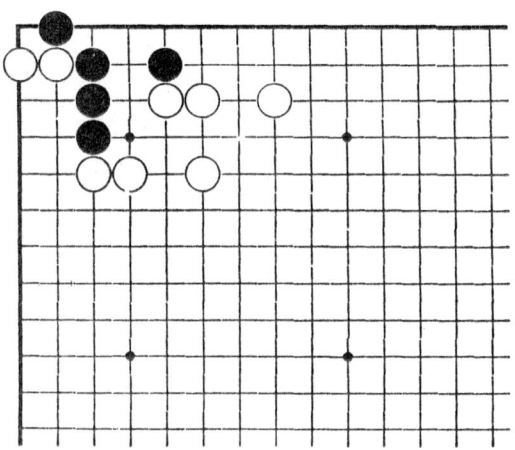

# 제59문

**백이 먼저 둘 때**

여기에서는 흑백 모두가 다 사활을 건 싸움이
되고 있다. 한눈에 알 수 있는 일이지만, 만약에
귀에 갇힌 백 두 점이 살아서 밖으로 나올 수 있
다면 귀의 흑은 모두 죽게 된다. 그러므로 여기
에서는 생사를 건 한 판의 싸움이 불가피한 것이
다.

백의 제 일착이 문제가 된다. 아무렇게나 두어
서는 결코 성공을 거둘 수가 없다.

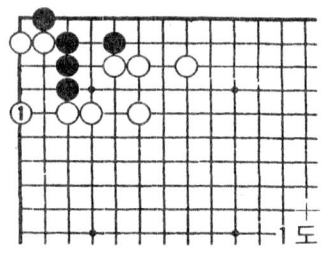 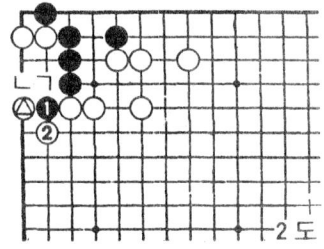

**1 도** (정석)

백 1 이 정석이다.

이 백 1 은 자주 사용되는 맥이다.

**2 도** (계속)

백△에는 흑 1 로 반격하는 정도인데 백은 냉정하게 2 로 받아서 넘는다. 흑ㄱ에 두어도 백ㄴ으로 두면 '귀의 특수성' 에 의해서 연단수가 성립하지 않는다.

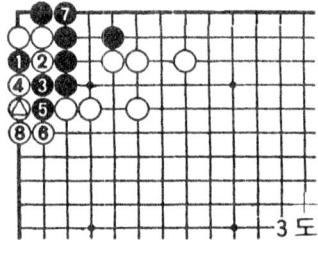 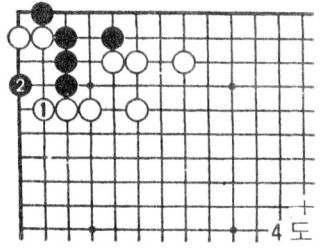

**3 도** (변화)

백△일 때 흑 1 로 붙여 두어도 백 2, 흑 3, 백 4, 흑 5, 백 6 이다. 흑 7 에는 백 8 로 결국 백 두점이 살아나므로 흑은 전부 죽기 마련이다.

**4 도** (실패)

넘는 수를 알지 못하고 백 1 로 뻗어 흑 2 를 허용하면 흑은 완전히 살아버리므로 백의 실패가 된다.

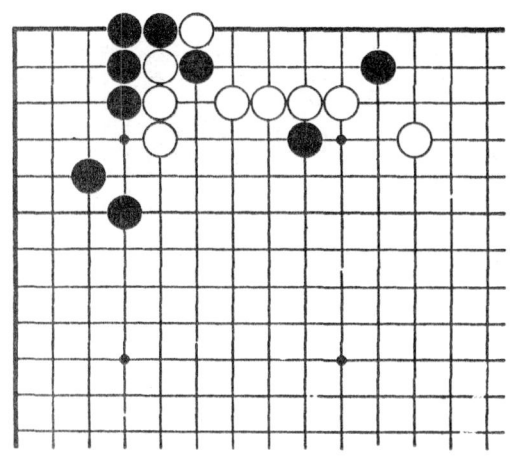

# 제60문

흑이 먼저 둘 때

이 그림은 오른쪽의 제 이선에 떨어진 흑 한 점을 어떻게 하면 밖의 흑의 세력과 연결을 시킬 수 있느냐 하는 것을 주안점으로 한 문제이다.

흑은 단수 위기에 몰려 있는 흑 한 점을 이용하여 수를 찾도록 한다.

여기에서도 수순이 중요하다. 수읽기의 힘을 이용하여 적정한 수를 찾아야 한다. 자, 그렇다면 제 일착은?

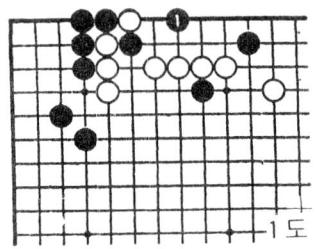 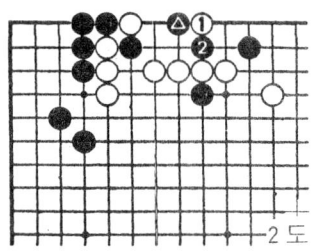

1 도 (정석)

흑 1 이 정석이다.

이 한수에 의해 흑 한점은 살 수 있다.

2 도 (계속)

흑▲에 백 1 로 끊으면 흑 2 로 끊는다.

왼쪽에 백 한점을 사로잡고 있는 것은 흑▲가 충분히 위력을 발휘하고 있는 것이다.

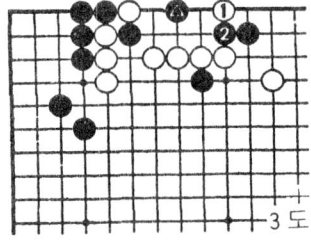 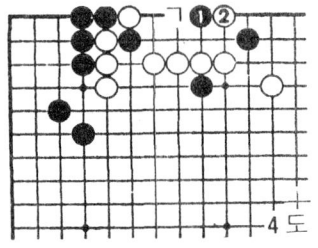

3 도 (변화)

흑▲에 대해서 백 1 이면 흑 2 여서 백은 흑을 끊지 못한다.

이것은 ▲의 한수에 의해 이 흑은 완전히 넘어가게 되기 때문이다.

4 도 (실패)

흑 1 로 두어서는 넘는 것이 불완전하다. 백 2 는 다음에 백 ㄱ이 있어서 흑은 연결하지 못하고 끊기고 만다.

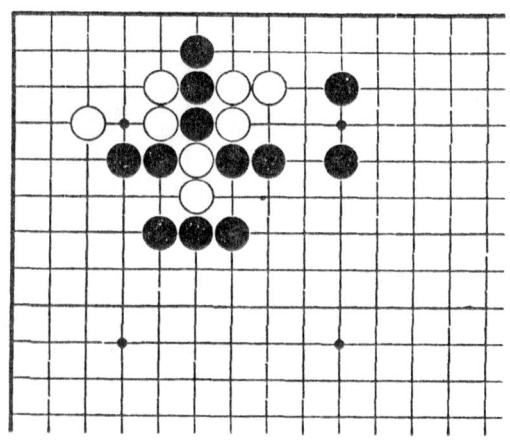

# 제61문

**백이 먼저 둘 때**

이 그림의 주요 포인트는 좌우로 나누어진  백이 어떻게 하면 탈출하여 삶을 도모할 수 있는가 하는 점이다.

이러한 문제는 실전에서도 간혹 등장한다. 그러나 초보의 단계에 있는 사람들 중에서는  이러한 문제가 등장하면 으례 백의 삶을 포기해  버리는 경우가 많다. 이는 수읽기의 힘이 부족하기 때문이다.

**1도** (정석)

백1이 정석이다.

이것이야말로 '좌우동형의 중앙에 수가 있다'는 격언의 전형적인 수라 하겠다.

흑의 수수(手數)를 두 수로 줄인 것이 영향력을 행사한다.

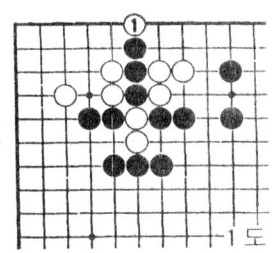
—1도

**2도** (계속)

백△에 흑1, 백2이다.

흑3, 백4, 흑5, 백6은 이렇게 될 곳이다. 흑7에 백8로 계속 혹은 두 수. 결국 흑9로 백 두점을 잡지 않을 수 없다.

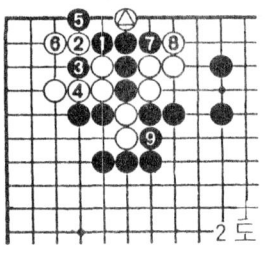
—2도

**3도** (계속)

2도 다음 백1로 단수하면 흑2로 때리고 백은 3으로 완전히 넘는다. 흑은 자충수가 되므로 ㄱ으로 이을 수가 없다.

**4도** (실패)

올바른 수를 찾지 못하고 백1로 두어 흑2를 허용해서는 커다란 손해다.

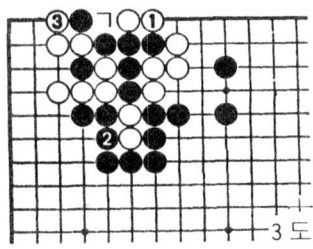
—3도

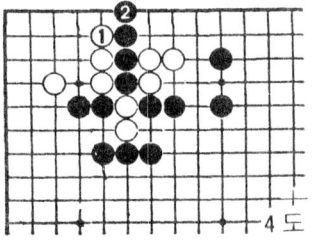
—4도

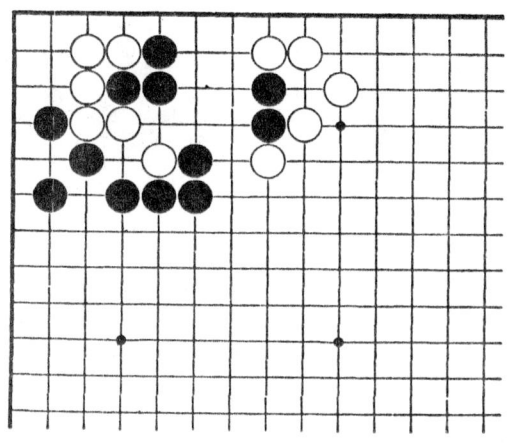

# 제62문

**백이 먼저 둘 때**

이러한 유형의 문제 역시 실전의 대국에서 자주 나타난다.

상당히 어려운 문제이다. 만약 이 문제를 즉석에서 풀 수 있는 사람이라면 이는 상당한 실력의 소유자임에 틀림없다.

왼쪽의 귀에 갇힌 백이 탈출에 성공하기 위해서는 묘수가 필요하다.

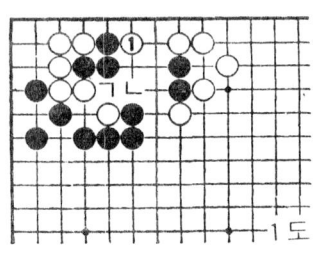 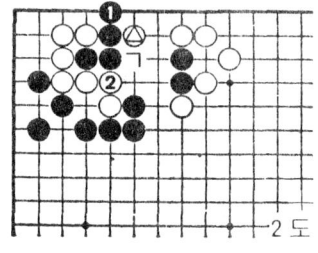

1 도 (정석)

백 1이 정석이다. 바로 1의 곳이 흑의 약점이다.

백 1은 ㄱ과 ㄴ으로 맞보고 있는 것이다.

2 도 (계속)

백△에 대해 흑 1로 내려서면 백 2로 꽉 이어 흑 넉점을 구출하지 못한다. 따라서 흑은 1 대신에 ㄱ으로 저항하게 되는 것이다.

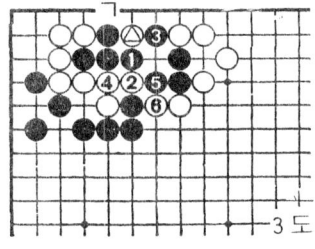 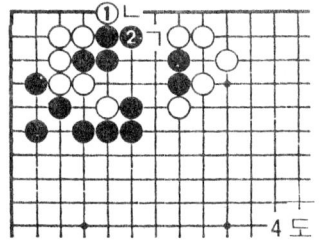

3 도 (변화)

백△에 흑 1로 완강하게 저항하면 백 2가 좋은 수이다. 흑 3이면 백 4, 흑 5, 백 6으로 수싸움은 흑의 패배다. 흑 3으로 4에 두면 백ㄱ으로 넘는다.

4 도 (실패)

백 1로 젖혀 두면 흑 2로 구부려 와서 다음에 백은 어떻게 할 수가 없다. 그리고 백ㄱ에 두어도 흑ㄴ으로 백의 실패다.

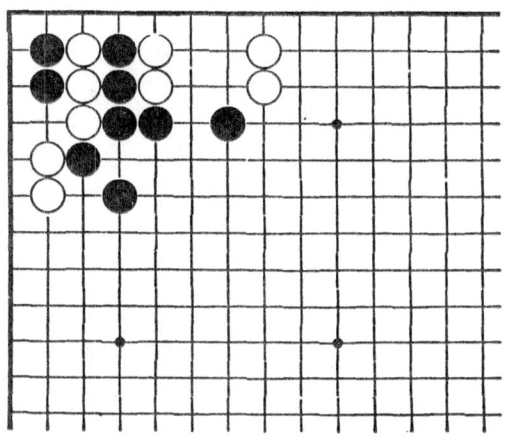

# 제63문

**백이 먼저 둘 때**

이 그림은 왼쪽의 백이 오른쪽으로 무난히 건너갈 수 있느냐 하는 것을 주안점으로 한 문제이다.

이 문제는 그다지 어렵지 않으므로, 누구든지 쉽게 해답을 구할 수 있으리라 믿는다.

한눈에 떠오르는 곳이 바로 급소이다. 백으로서는 그 곳 이외의 어떤 다른 곳에는 결코 둘 수가 없다. 그 첫 착점의 자리는 과연 어디인가?

**1도** (정석)

백 1로 넘는 것이 정석이다.

단호하게 백은 넘는 수를 두어서 좋다. 다만 이 다음 흑ㄱ이하로 공격해 올 것에 대비, 이를 수습할 수 있는 방법을 강구해 두어야 한다.

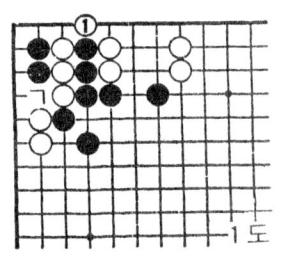

—1도

**2도** (계속)

백△에 흑 1, 백 2는 필연적이다. 그때 흑 3으로 공격한다.

3으로 ㄱ에 두면 백ㄴ, 흑 3이면 백ㄷ이므로 흑은 평범하게 3으로 공격한다.

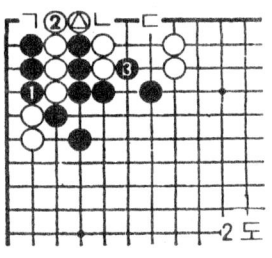

—2도

**3도** (계속)

흑●에 대해서도 백 4가 올바르다. 이 다음 흑ㄱ에 두어도 백ㄴ으로 백 두점을 흑이 따내도 백은 즉시 되 따낸다.

**4도** (큰 차이)

넘는 수가 있는 데도 불구하고 그것을 알지 못하고 백 1로 이어 오히려 흑 2의 넘는 수를 허용해서는 왼쪽과 오른쪽의 백이 쫓기는 입장이 되어 정해도와 거리가 멀게 된다.

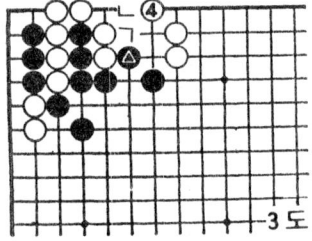

—3도

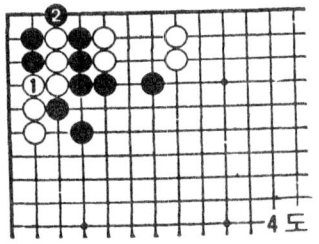

—4도

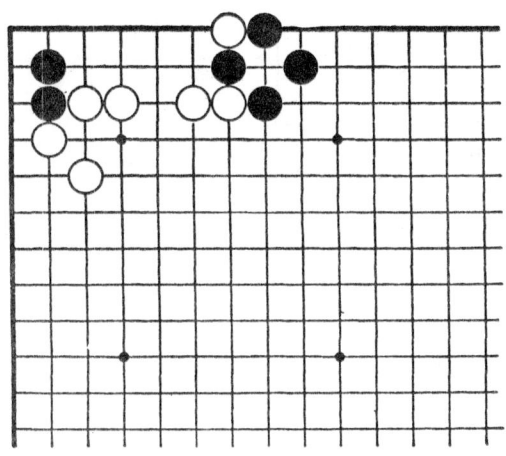

# 제64문

**흑이 먼저 둘 때**

지금 서로 떨어진 거리가 너무나 멀다. 과연 좌우의 흑이 서로 상봉의 기회를 가지려면 어떻게 해야 할까?

이 문제는 그다지 어려운 문제는 아니지만, 그래도 수순을 정확하게 밝지 않으면 성공하기에 힘이 든다. 흑은 단숨에 넘어갈 수 있는 묘책을 강구하지 않으면 안된다.

자, 수를 찾아 보자.

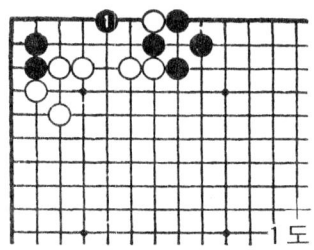

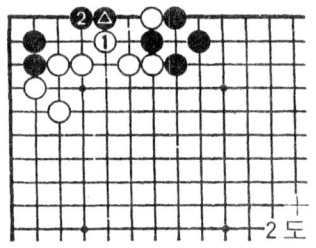

1도 (정석)

흑 1이 정석이다.

오른쪽 위에 백 한점이 단수(單手)로 몰리고 있어 잘못 생각하기 쉽다.

2도 (계속)

흑▲에 백 1이면 흑 2로 그만이다. 백은 더 이상 흑을 끊지 못한다.

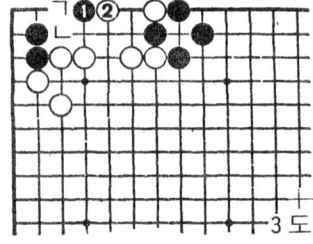

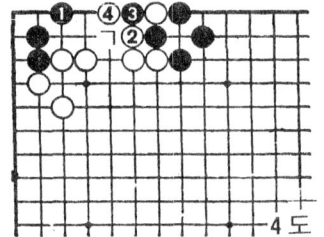

3도 (실패)

이 흑 1로는 넘어 갈수가 없다. 백 2로 끊기면 끝장이기 때문이다. 또 백 2로 ㄱ쪽을 끊으면 흑ㄴ으로 뻗어 작게나마 귀에서 살게 된다.

4도 (실패)

그림의 흑 1도 실패다. 백 2, 흑 3, 백 4로 패가 되어 흑 ㄱ으로 끊게 되므로 손해다.

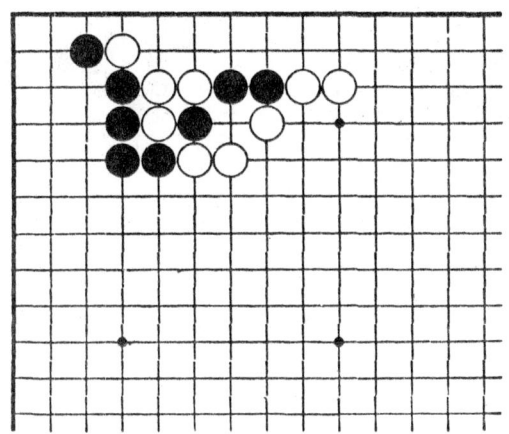

# 제65문

**흑이 먼저 둘 때**

상당히 재미있는 문제이다. 흑으로서는 백의 단점을 이용하는 수 밖에 없다.

언뜻 보면 상당히 어려운 문제처럼 생각되지만, 사실은 아주 쉬운 문제이다.

흑이 어떤 작전을 쓰느냐에 따라서 문제가 쉽게 풀릴 수도 있고, 또는 어렵게 풀릴 수도 있다.

흑은 백의 단점을 이용하여 최대한으로 몰아치는 것이 유리하다고 본다.

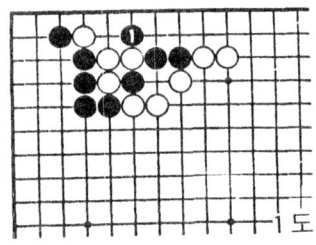

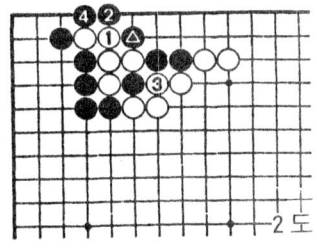

**1 도** (정석)

흑 1 이 정석이다. 백의 자충수를 이용해서 연속 단수 (單手)로 몰아 성공적으로 넘어간다.

**2 도** (계속)

흑▲에 백 1 로 둘수밖에 없으므로 그때 흑 2 하여 백 3 을 강요한 다음, 흑 4 로 넘는다. 여기서는 흑 2 부터 두는 것이 올바른 수순이다.

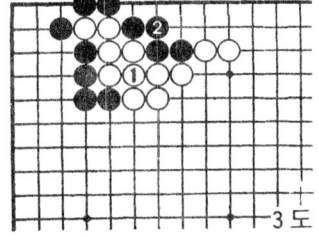

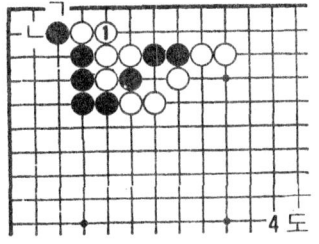

**3 도** (계속)

백 1 로 잇고, 흑도 2 의 곳을 이어 완전히 넘어간다.

**4 도** (비교)

백 1 로 꽉 이으면 결국 백ㄱ, 흑ㄴ이 백의 권리가 되므로 흑집이 순식간에 줄어든다. 또 흑이 ㄱ에 둘 경우 백은 선수로 1 의 곳에 둔 것이 된다.

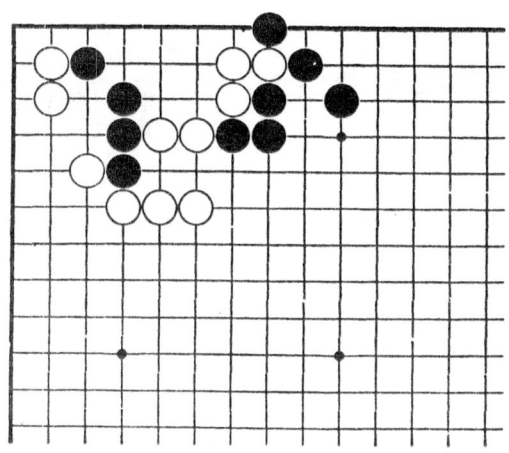

# 제66문

**흑이 먼저 둘 때**

이 문제는 참으로 재미있는 모양의 문제이다. 백의 세력권 안에 갇힌 흑 4점이 어떻게 하면 오른쪽의 흑 세력과 연결이 될 수 있는가 하는 것이 이 문제의 주요 안건이다.

올바른 수순은? 수읽기를 하여본 연후에 적정한 수순을 찾아보도록 하자.

경과도를 그려볼 수 있다면, 이 문제가 참으로 재미있다는 것을 알 수 있을 것이다.

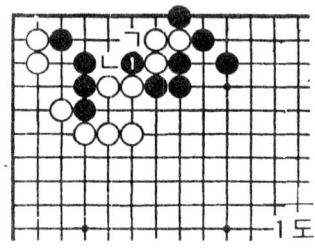 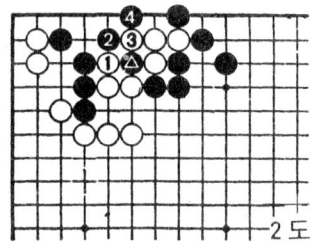

1 도 (정석)

흑 1 로 끊는 것이 정석이다.

백ㄱ에 두면 흑ㄴ으로 그만이다.

2 도 (정석)

흑●에 백은 1 로 구부리는 한 수인데 흑 2 로 응수하고 백 3, 흑 4 로 넘어간다. 흑 2 로 3 하여 석점만 따내는 대신 백 2 를 허용하면 왼쪽 흑이 잡혀 커다란 손해이다.

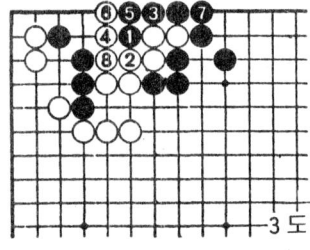 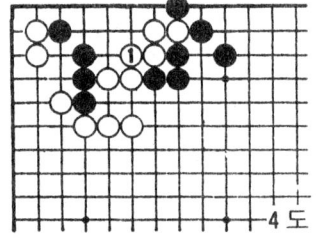

3 도 (실패)

흑 1 로 붙여 백 2, 흑 3, 백 4 하여 선수로 백집을 감소시 켰다고 좋아하는 것은 2 도에 비해 커다란 손해여서 흑의 실패이다.

4 도 (차이)

백 1 로 이어 흑이 넘지 못하도록 막는 것은 큰 끝내기 이다. 출입(出入)의 차이는 20 집 이상이 된다.

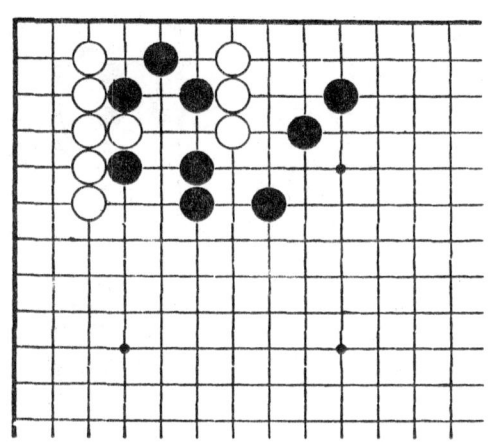

# 제67문

**백이 먼저 둘 때**

현재 백은 흑에 의해서 3점이 포위당해 있다. 왼쪽의 백은 이를 가만히 지켜볼 수만은 없다. 어떻게 해서든지 구출작전을 펴서 살려내야만 한다.

그렇다면 과연 백으로서는 어떤 수순을 밟아야 할까?

이 문제 역시 그다지 어렵지 않다.

수읽기만 어느 정도 할 수 있는 사람이라면 충분히 문제의 해답을 구할 수가 있을 것이다.

**1 도** (정석)

백 1 이 정석이다.

여기서 흑이 ㄱ에 둘 것인지, 아니면 ㄴ에 둘 것인지 동정을 살핀다. 흑ㄱ에 두면 **2 도**, 백ㄴ에 두면 **3 도**가 되어 백은 모두 성공이다.

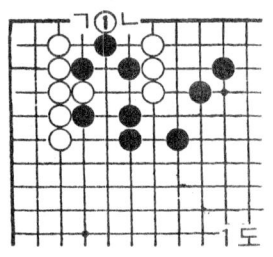

**2 도** (계속)

백△에 흑 1 이면 백 2 로 끊는다. 흑 3 으로 잡아도 백 4 로 또 끊으면 위, 아래에 약점이 생기므로 흑 석점은 구출 불가능이다.

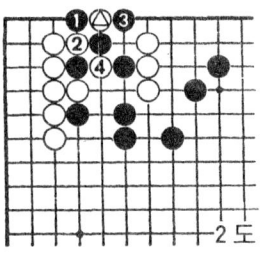

**3 도** (변화)

백△에 흑 1 은 역시 백 2 로 넘게 된다. 흑ㄱ에 두면  백ㄴ이되며 또 흑ㄴ 이라면 백ㄱ이다.이것은 처음에 백△가 급소로 그 효과.

**4 도** (실패)

처음에 백 1, 흑 2 를 교환한 다음에 백 3 으로 두어서는 흑 4, 백 5, 흑 6 으로 패가 되어 백의 실패다.

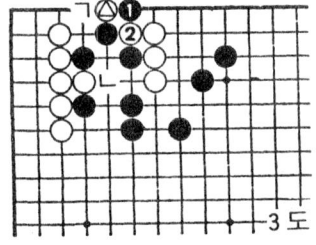

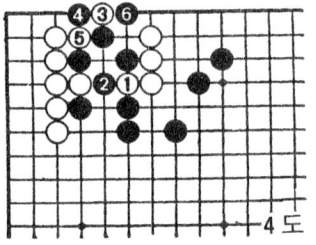

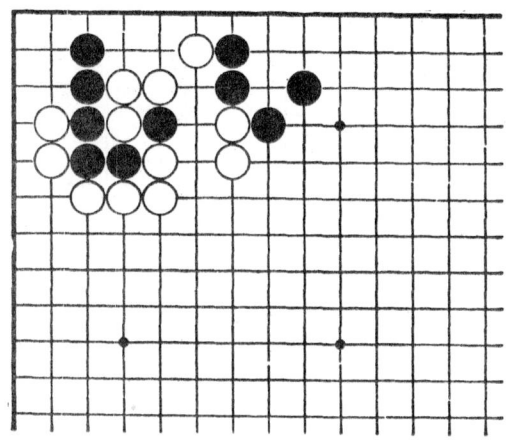

# 제68문

**흑이 먼저 둘 때**

　좌우의 흑이 무난하게 연락을 취하여　삶을　도모하려면 어떻게 해야 할까?

　흑은 과감한 반격작전을 펴지 않으면　안된다. 이 그림도 넘어가는 묘수를 찾아야 한다. 무엇보다도 수순이 중요하다.

　흑의 반격작전에 대하여 백은 강력한 대응책을 강구할 것임에 틀림없다.

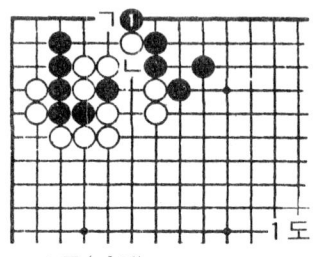

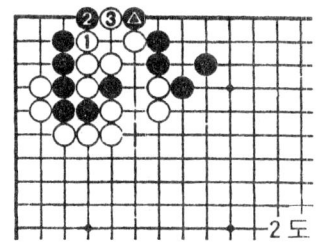

**1도**(정석)

흑1의 젖힘수가 정석이다.

이 한수로 왼쪽 흑 다섯점은 무조건으로는 죽지 않게 되었다. 백ㄱ에 두면 흑ㄴ으로 가볍게 성공이다.

**2도**(계속)

흑△에 대해 백1로 강력하게 저항하는데 흑2일 때 백3으로 먹여쳐 패가 된다. 이 응수가 백으로서는 최선일 것이다.

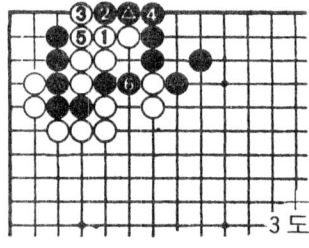

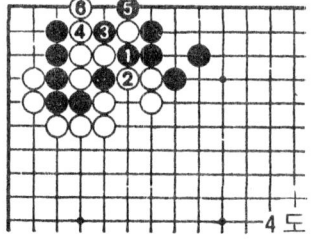

**3도**(변화)

흑△에 백1로 이으면 흑2, 백3, 흑4, 백5일 때 흑6을 당해 백은 전부 죽는다. 따라서 백3으로는 6에 두어 흑5와 교환해야 한다.

**4도**(실패)

흑1은 좋지 않다. 백2, 흑3, 백4, 흑5, 백6은 외곬수여서 흑은 선수지만 잡힌 흑 다섯점이 작은 것이 아니다.

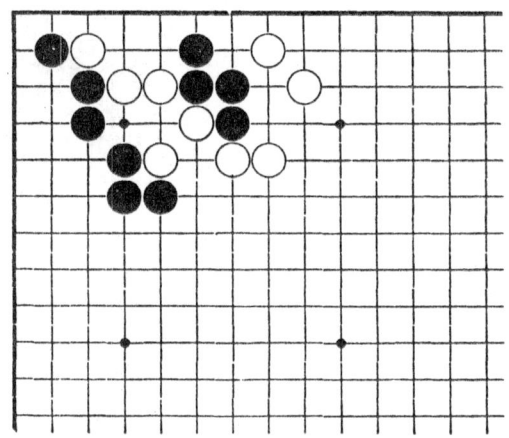

# 제69문

**흑이 먼저 둘 때**

이 그림 역시 일반 대국에서 흔히 나오는 문제
이다.

여기에서는 무엇보다도 정확한 수읽기가 필요
하다. 경과도와 결과도를 머릿속에 그려보면서 한
수 한 수를 진행하지 않으면 안된다.

수순에 대하여서도 각별히 신경을 써야 한다.

수순이 잘못되면 흑의 성공은 어렵게 된다.

**1 도(원본)**

흑 1이 원본에서의 정석이다.

물론 이것으로 완전하게 넘고 있어 이것 역시 정석이긴 하지만, 필자는 3도의 수순을 정석으로 하고 싶다.

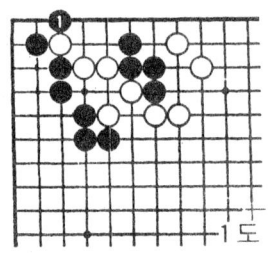

**2 도(계속)**

흑⚫에 백 1로 잇는다.

흑 2, 백 3, 흑 4가 원본에서 정석으로 본 수순이다. 백은 자충이 되는 관계로 ㄱ으로 이을수가 없음으로 백ㄴ, 흑ㄱ이다. 단, 흑은 후수로 바뀐다.

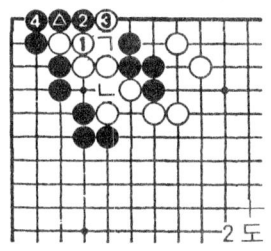

**3 도(선수)**

필자는 흑 1로 먼저 먹여치는 것이 좋을것 같다. 그리고 흑 3부터 흑 9까지 진행된다.

**4 도(실패)**

흑 1은 백이 ㄱ으로 잇지 않고 백 2로 건너붙이는 수가 있어서 흑의 실패다. 다음 흑ㄴ, 백ㄱ, 흑ㄷ에 두어도 백ㄹ이다.

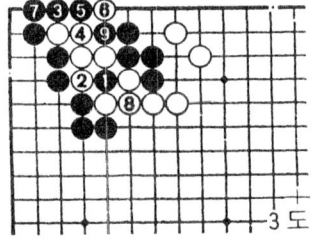

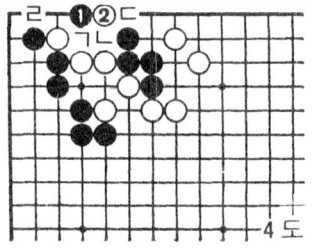

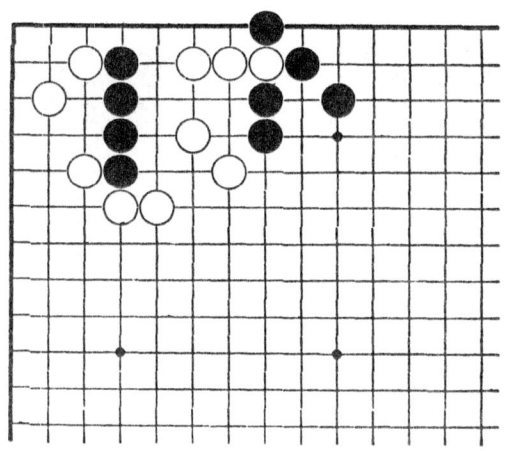

# 제70문

**흑이 먼저 둘 때**

왼쪽에 갇힌 흑 4점이 탈출에 성공하기 위해서는 어떠한 수순을 밟아야 할까?

이 문제는 그다지 어려운 문제는 아니다. 그러나 수순에 대한 정확성이 없으면 곧잘 실패하게 된다.

실전에서도 자주 나타나는 문제이므로 신경을 써서 알아두기 바란다.

흑은 백의 약점을 찾아서 급소를 찔러야 한다.

146

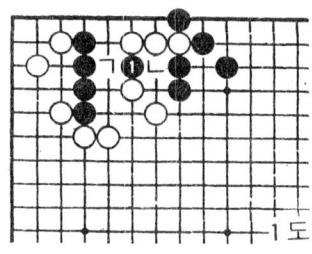 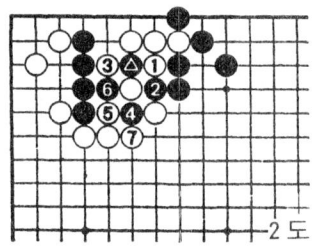

**1도(정석)**

흑1이 정석이다.

이와같은 문제가 나오면 언제나 끼우는 수를 떠올려야 한다. 물론 백ㄱ에 두면 흑ㄴ으로 백의 실패다.

**2도(계속)**

흑△에 백1, 그러면 흑2, 백3으로 당연히 둔다.  흑4로 끊고서 백5, 흑6, 백7도 역시 당연한 진행이다.

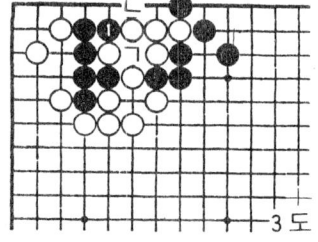 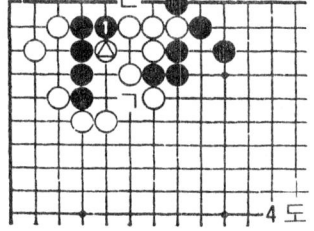

**3도(성공)**

2도 다음에 흑1로 뻗는다. 백ㄱ에 두면 흑ㄴ으로  넘고 또 백ㄴ에 두면 흑ㄱ의 패가 되어 흑의 수단이 성립 되었다.

**4도(실전)**

실전에서는 백△일때 단순하게흑1로 두는 것이 올바른 수순일것 같다.  결국 흑ㄱ 이하는 손해를 보는 교환이므로  백ㄴ의 패로 저항하면 흑ㄱ에 둔다.

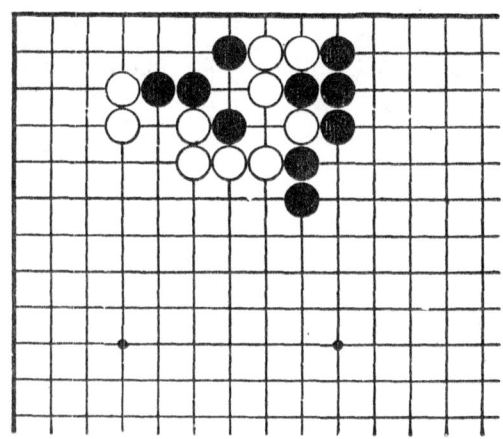

# 제71문

**흑이 먼저 둘 때**

이 문제는 상당히 어려운 문제처럼 보이지만, 사실은 매우 쉬운 문제이다. 이 문제에서는 맥점을 짚어야 한다. 만약 맥을 잘 모르면 상당히 어려운 문제로 둔갑한다.

차분하게 처음부터 끝까지 수읽기를 하여 보자.

과연 올바른 수순은? 제 일착은 어디에다가 두어야 하는가?

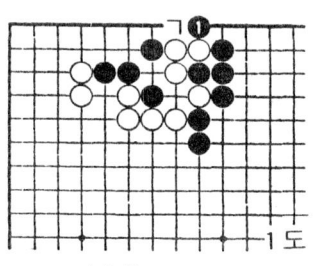
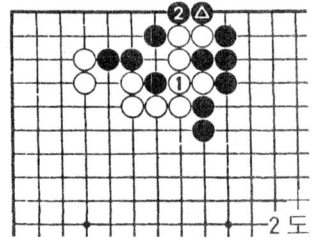

1도(정석)

흑1이 정석이다.

흑1 대신 흑ㄱ에 두어도 흑은 목적을 달성하지만, 흑ㄱ에 두는것 보다는 흑1쪽을 택하는 것이 바람직 하다.

2도(계속)

흑△에는 백1로 잇게 되므로 흑2로 넘어간다. 백1로 2에 두면 흑1로 백은 자충수가 되므로 응수 할 수 가 없다.

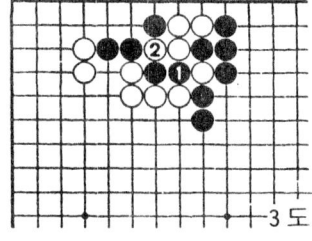
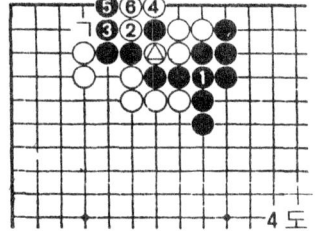

3도(나쁨)

여기서 흑1로 따내는 것은 나쁘다. 이것은 백2의 단수(單手)를 당해 흑이 두점을 이으면 다음 과 같이 된다.

4도(계속)

백△에 흑1로 잇는다.

백2, 흑3, 백4에 흑5로 내려서는데 백6을 당하면 흑이 한수 부족하다.

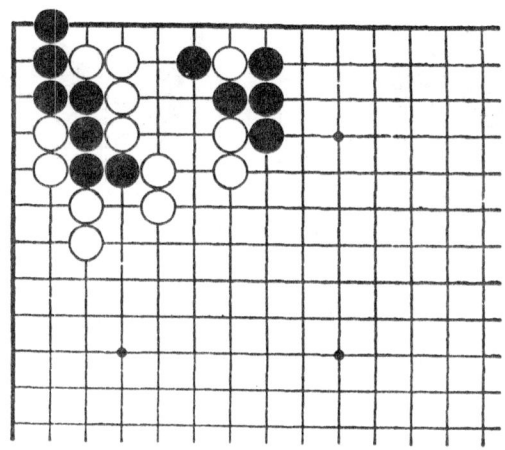

# 제72문

**흑이 먼저 둘 때**

　왼쪽 귀의 흑 일곱 점이 백의 세력에 묶이어서 꼼짝 못하고 있다. 이 흑을 구출해낼 수 있는 묘안은 없을까?

　흑은 너무 어렵게 생각하지 말고 오른쪽의 흑과 백의 세력과의 상관관계를 살펴 보도록 하자. 그리고 나서 묘맥을 찾아 보자. 수는 반드시 있으므로 차분하게 생각해 보자.

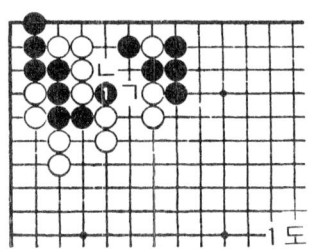 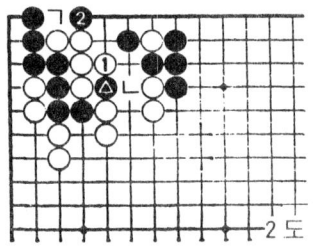

**1도** (정석)

혹1이 정석으로 백을 자충수로 유인하여 넘어가려는 것이다. 백ㄱ에 두면 혹ㄴ으로 이것은 백의 패배다.

**2도** (계속)

혹▲에는 백1로 두는 한 수인데, 그때 혹2로 가볍게 넘어간다. 만약 백ㄱ으로 막으면 혹ㄴ으로 백이 잡혀 버린다.

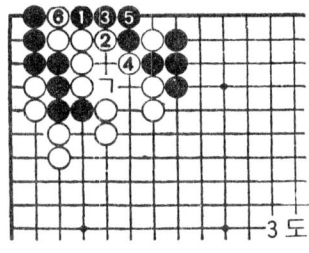 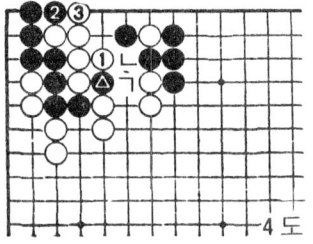

**3도** (실패)

먼저 혹1로 뻗으면 실패다.

백2, 혹3, 백4, 혹5일때 백6으로 먼저 단수하므로 혹은 ㄱ으로 끊지 못한다. 혹3으로 ㄱ에 두어도 백4로 끊는다.

**4도** (실패)

제대로 혹▲를 두고서도 백1일때 혹2로 뻗으면 실패하게 된다.

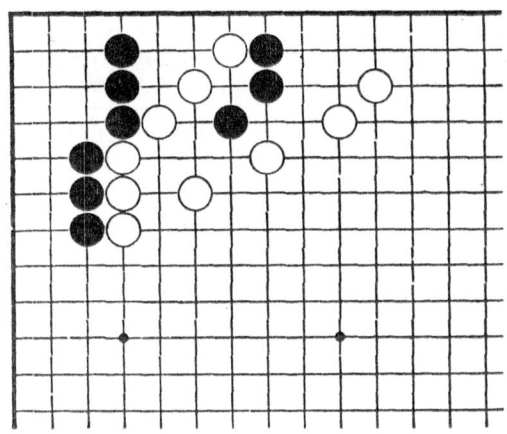

# 제73문

**흑이 먼저 둘 때**

오른쪽에 갇힌 흑 3 점이 왼쪽의 흑과 연락을 취하여 삶을 도모하려면 어떤 수순을 밟아야 할까?

흑은 급소를 찾아서 넘어가는 묘맥을 짚어야 한다. 만약에 맥을 제대로 찾는다면 흑은 의외로 쉽게 넘어갈 수가 있을 것이다.

자, 그러면 올바른 수를 찾아 보자.

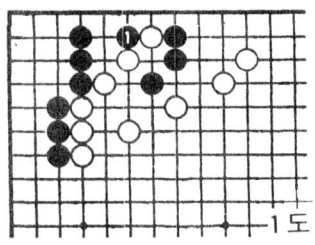 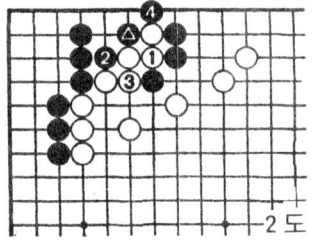

1 도 (정석) 흑 1 이 정석이다.

이렇게 연속 마늘모로 붙임으로 늘어선 백의 약점은 바로 1 의 곳이다. 양쪽의 흑이 에워싸고 있어서 백은 움직이기가 곤란하다.

2 도 (계속)

흑 ◉ 에 백 1 로 잇는 정도이며 흑은 계속 마늘모 붙임수 하여 백 3 을 흑 4 로 가볍게 넘어간다.

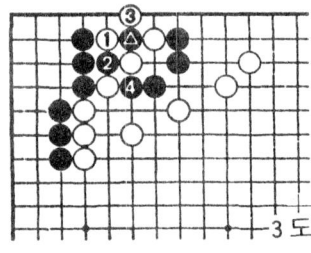 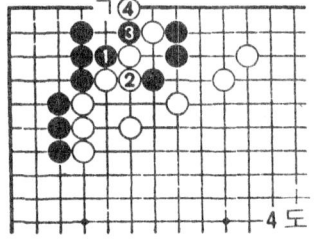

3 도 (변화)

흑 ◉ 에 백 1 로 뻗는것은 무리이다. 흑 2 를 당하면 백은 어렵게 된다. 백 3 으로 빵때리면 흑 4 로 끊어 백 넉점이 오히려 잡히고 만다.

4 도 (실패)

흑 1, 백 2 를 먼저 교환한 다음, 흑 3 에 두면 백 4 로 단수를 당해 흑은 ㄱ의 패로 저항하는 정도이다.

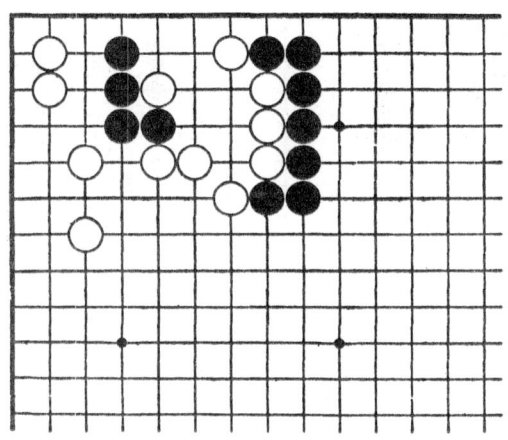

# 제74문

**흑이 먼저 둘 때**

백에게 포위당한 흑 4점이 상당히 괴로운 형세이다.

여기에서 가장 중요한 것은 무엇보다도 수순이다. 매우 흥미있는 전개가 된다.

수읽기를 하여보고 올바른 수순을 찾아 보자. 제 일착은 어디에다가 두어야 할까? 끊음수의 묘를 생각해 보는 것도 해롭지는 않을 것이다.

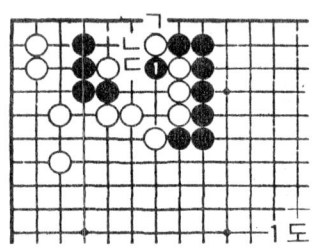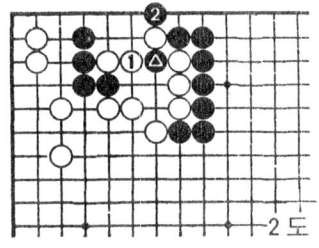

1도 (정석)

흑1로 끊는 것이 백을 자충으로 만드는 정석의 첫단계다. 이 흑1로 흑ㄱ에 젖혀두면 백ㄴ으로 뻗어 손해다.

2도 (계속)

흑▲에는 백1의 한수인데 그때 흑2로 젖혀두는 것이 정석의 제2단계이다. 이렇게 해서 백의 공배를 메운다.

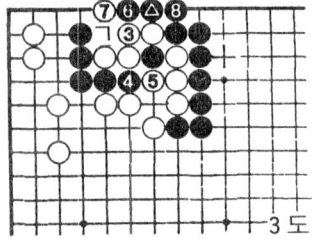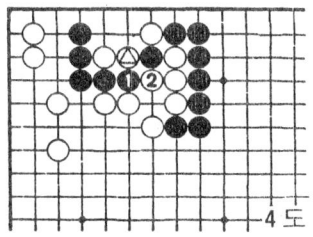

3도 (계속)

흑▲에 백3이면 흑4와 백5를 교환하고나서 흑6, 백7, 흑8 다음 백은 ㄱ으로 잇지 못하므로 흑은 산다.

4도 (실패)

백△일때 흑1로 뚫고 나가려 하면 백2로 막아 흑은 구출하기 힘들게 된다. 2도의 흑2의 젖힘수가 중요한 수순이라는 것을 알수 있다.

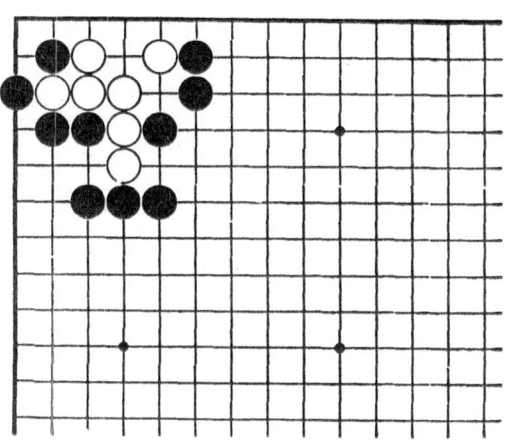

# 제75문

## 백이 먼저 둘 때

언뜻 보면 백의 생사가 경각에 달려있는 것처럼 보인다. 하지만 수읽기를 하여보면 의외로 묘책이 있음을 알 수 있을 것이다.

백으로서는 아무래도 흑의 단점을 최대한으로 이용하여 탈출구를 찾는 것이 하나의 방법이 될 수 있다.

흑은 먹여치기의 묘수도 한번쯤 생각해볼 만하다.

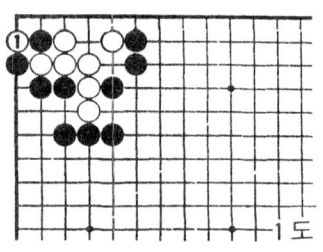

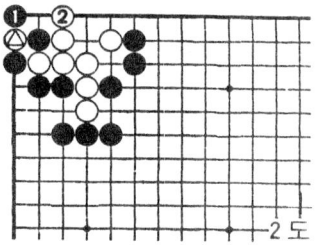

1 노 (정석)

백 1이 정석이다.

백은 하나의 집 뿐이 확보되지 못했으므로 집하나를 더 만들어야 하며, 이 백 1로 먹여치는 것이 유일한 수단이다.

2 도 (계속)

백△에는 당연히 흑 1로 때린다. 그러면 백 2로 내려선다.

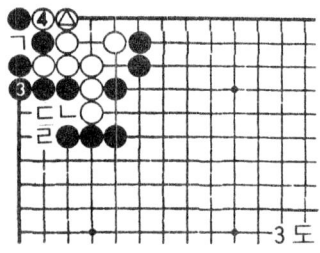

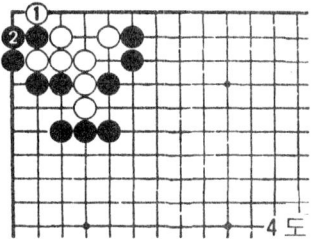

3 도 (계속)

백△(2도의 백 2)면 연단수가 되는 것을 흑 3으로 피할수가 있는데, 백 4에 두면 흑은 ㄱ으로 이을 수가 없다. 왜냐하면 백ㄴ, 흑ㄷ, 백ㄹ로 흑은 진부 죽기 때문이다.

4 도 (어리석다)

이러한 수순이 있는데도 불구하고 백 1로 젖혀 흑 2로 잇게 하는 것은 자기 스스로 집을 파괴하는 어리석은 수다.

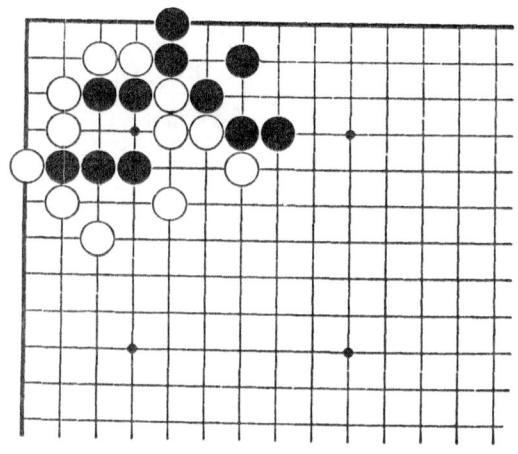

## 제76문

**흑이 먼저 둘 때**

백에게 포위되어 있는 흑 다섯 점을 어떻게 하면 탈출시킬 수가 있을까?

이 문제는 상당히 어렵다. 어느 정도 수준급에 있는 사람이 아니라면 올바른 해답을 선뜻 구하기가 어려울 것이다. 여기에서는 고도의 묘책이 필요하다.

현재 흑으로서는 무작정 밖으로 빠져 나가기란 도저히 불가능한 상태이다.

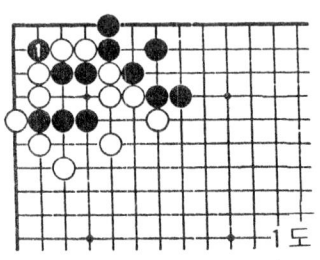
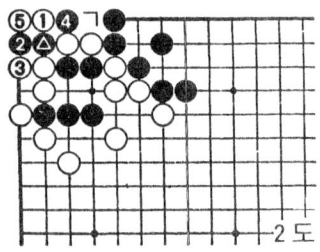

1 도 (정석)

흑 1 로 끊는 수가 정석이다.

이것 역시 흔히 사용되는 수법이다.

2 도 (계속)

흑△를 백 1 로 단수해서 잡을 수밖에 없으며 흑 2, 백 3 일 때 흑 4 하여 백 5 로 따내도록 한다. 흑 4 로 ㄱ에 두어도 똑같을 것 같지만, 경우에 따라서는 손해가 될 수도 있다.

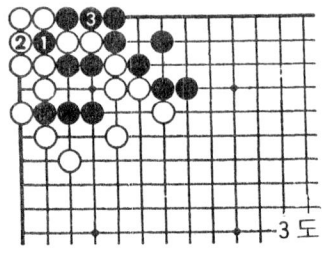
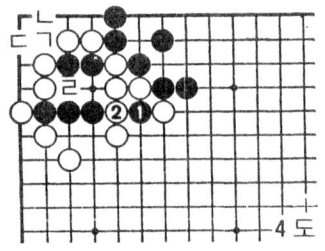

3 도 (계속)

백이 흑 두점을 따면 흑은 즉시 1 로 먹여서 백 2 를 강요하고 흑 3 으로 단수하게 되는데, 백은 잇지 못하므로 흑 다섯점을 구출 할 수가 있다.

4 도 (실패)

정석의 수순을 찾지 못하고 흑 1 과 백 2 를 교환하는 것은 자충수를 스스로 두는 결과 밖에 되지 않는다.

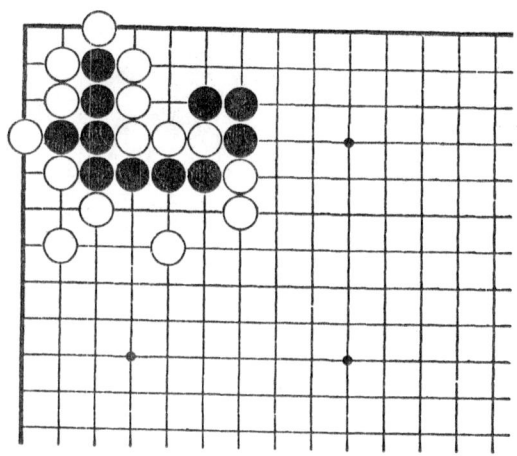

# 제77문

**흑이 먼저 둘 때**

이 문제 역시 상당히 어려운 문제 중의 하나이다.

언뜻 보면 도저히 살아서 밖으로 나올 수 없을 것 같다. 실전에서 이러한 문제가 나올 때, 대부분의 사람들은 아예 포기해 버리고 만다.

그러나 여기에도 수는 있다. 신중을 기하여 수읽기를 하여 보면 의외로 삶을 찾을 수 있는 계기를 마련할 수가 있다.

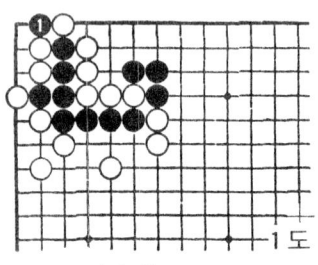 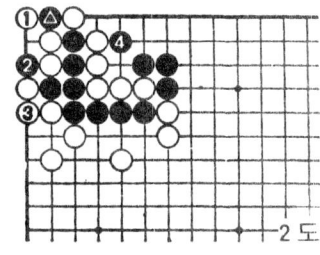

1 도 (정석)

혹1이 정석의 제1단계. 다음 2도의 2단계 정석의 수와 호응하여 백을 연단수로 만든다.

2 도 (계속)

혹▲을 백1로 때렸을 때 혹2가 정석의 제2단계이다. 백3 일 때 혹4로 공배를 메워 수싸움은 혹의 한수 승리로 끝난 다.

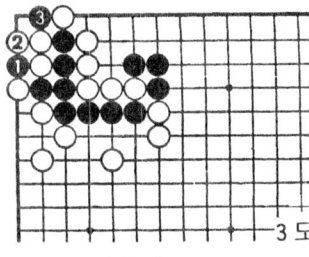 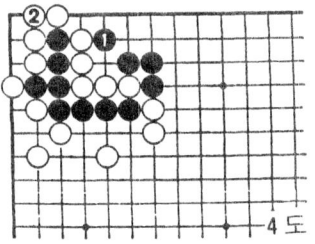

3 도 (비교)

혹1로 두어도 혹은 충분히 목적을 달성한다. 백2, 혹3으로 백 여섯점을 연단수로 따내는데, 여기서 패가 만들어져 손을 빼었을 경우 혹은 2도보다도 큰 손해다.

4 도 (실패)

생각없이 혹1로두는 것은 바람직하지 못하다. 백2를 당하면 혹은 그 이상 도리가 없다.

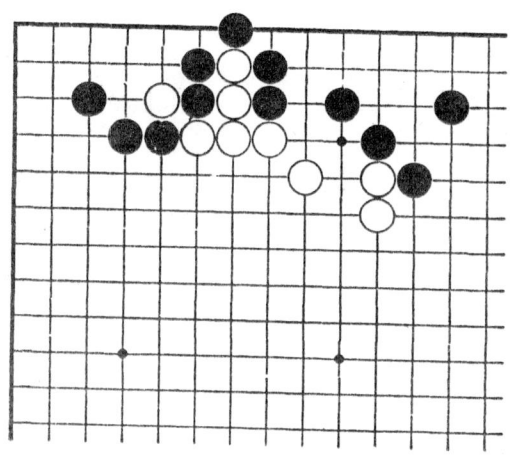

# 제78문

## 백이 먼저 둘 때

이 그림의 주요 포인트는 흑에 의해 갇힌 왼쪽의 백 한 점을 과연 구출해 낼 수 있느냐 하는 점이다. 이 문제는 실전에서도 자주 나타난다.

이러한 문제에 직면하게 되면, 대부분 흑에게 포위당한 백 한 점을 포기해 버리는 경우가 많다.

그러나 만약 수읽기를 할 수 있는 사람이라면 당연히 백 한 점을 살릴 수 있는 묘수가 있음을 알 수 있을 것이다.

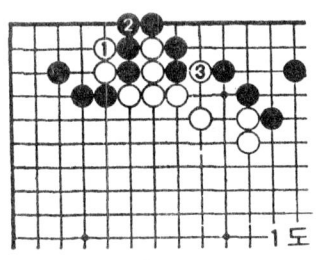
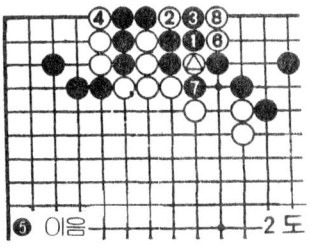

### 1도 (정석)

백1에 대한 흑2는 당연한 것이다. 백3으로 끼우는 것이 이 흑을 연단수로 유인하는 제1보이다.

### 2도 (계속)

백△에 흑1도 필연적이다. 여기서 백2로 먹여치는 것이 적당해서 이것으로 흑은 자충이 된다. 흑3에 백4로 단수해 흑5로 잇고 이하 백6, 흑7, 백8이 된다.

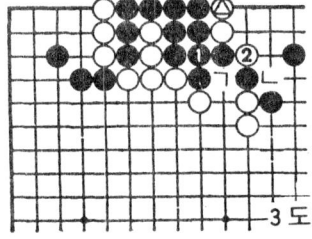
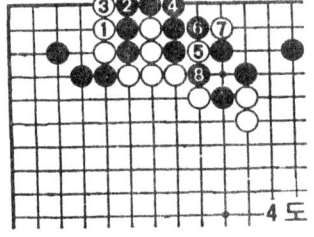

### 3도 (계속)

백△ (2도의 백8)에 흑1로 잇는다.

다음 백2로 흑은 전부 죽는다.

### 4도 (실패)

백1, 흑2는 좋은데 이때 너무 성급하게 백3으로 단수해 버리면 흑4를 허용하고 만다. 다음 백5, 7해도 흑을 잡을 수가 없다.

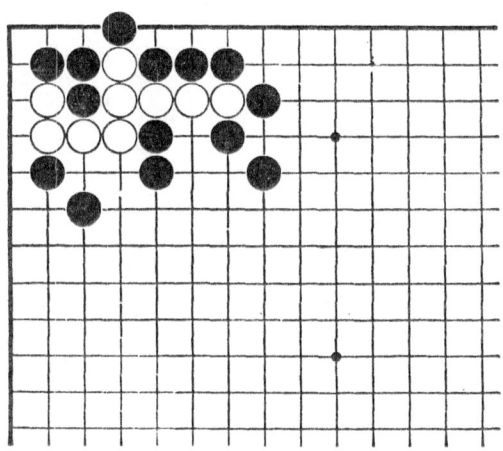

# 제79문

**백이 먼저 둘 때**

이 그림은 상당히 어려운 문제이다. 한눈에 보더라도 백이 살아서 밖으로 나오기란 결코 쉽지 않다는 것을 알 수 있을 것이다.

이 문제는 실전에서도 자주 나타난다. 주로 상급자들 사이에서는 곧잘 응용되는 문제이다.

여기에서는 수읽기를 통하여 맥수를 찾아야 한다. 상대방의 급소를 찾지 못하면 결코 삶을 도모할 수가 없다.

1도 (정석)

백 1 이 정석이다.

이 백 1 로 ㄱ에 붙여두면 흑 1 을 당해 백은 모두 죽는다.

2도 (계속)

백△를 흑 1 로 때리면 흑 2 가 중요한 수순이다. 흑 3, 백 4, 흑 5, 백이 다시 4 로 먹여치고 흑 2 다음 백 8, 흑 9, 다음은 3도 에 이어진다.

흑 3 대신 4 에두면 백 3 으로 패가 된다.

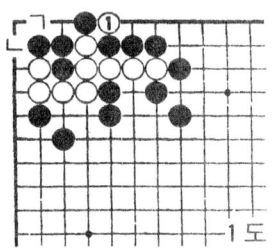

-1도

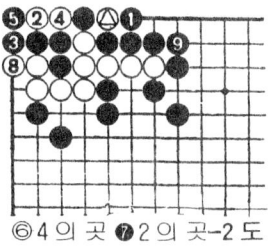

❻4의 곳 ❼2의 곳 -2도

3도 (계속)

2도에 이어서 백△로 여섯점을 때리면. 흑 1 로 응수한 자리를 끊고 백 2 로 패를 때린다. 이 문제에 대한 정답은 패이다.

4도 (빅)

백이 패를 때렸을 때 흑 1, 백 2, 흑 3 이면 백 4 로 빅이 된다. 흑은 1 로 단수치지 않고 다른 팻감을 써서 패싸움을 해야 한 다.

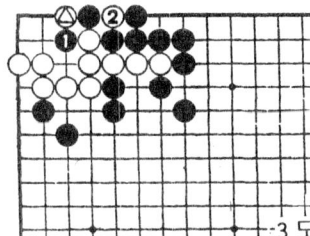

-3도

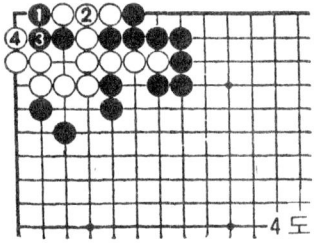

-4도

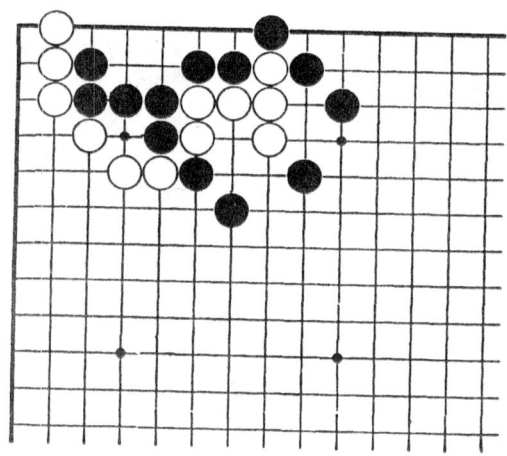

# 제80문

**백이 먼저 둘 때**

흑에게 포위당한 백 6점을 구출해낼 수  있는 묘안은 없을까?

왼쪽의 백과 오른쪽에 갇힌 백이 합동작전으로 흑을 반격하여 탈출구를 만들도록 하는 것도 바람직한 하나의 방법이다.

먹여치는 방법과 연단수의 묘를 이용하여 적절한 수순을 진행하여 보자.

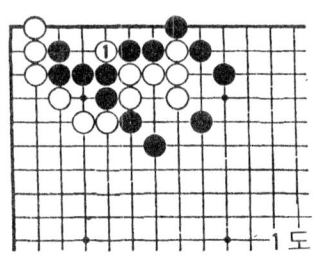
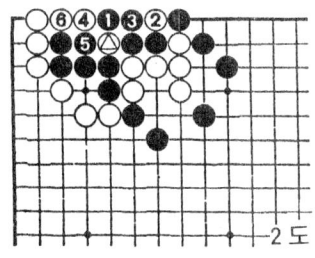

1도 (정석)

백1로 끊는 수가 정석이다.

지금까지의 문제와 마찬가지로 이 문제 역시  먼저 백1로 끊는 것이 올바르다.

2도 (계속)

백△에 흑1로 단수하면 백2로 먹여치는 것이 올바르다. 흑3에 백4, 흑5에 백6으로 이어  연단수가 성립한다.

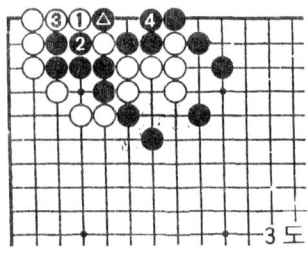
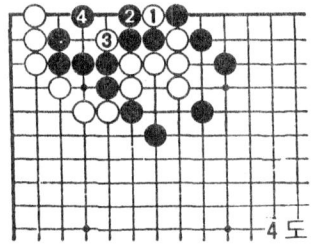

3도 (실패)

흑▲(2도의 흑1)에 백1하면 흑2, 백3이 되고 그러면 흑4의 이음수를 허용해서 백은 실패가 된다.

4도 (실패)

처음에 백1로 둔 것은 흑2를 당해 실패이다.  다음 백3으로 두어도 이미 때가 늦어 흑4를 당하면 역시  연단수는 만들어지지 않는다.

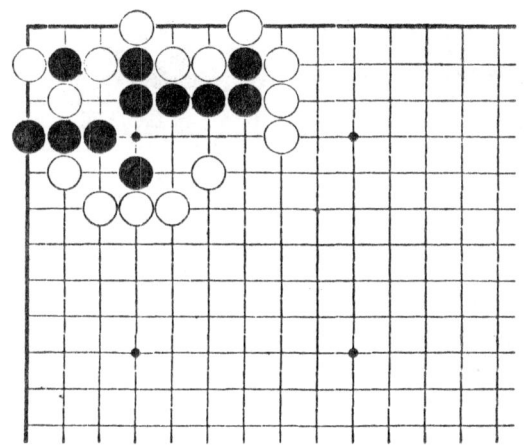

# 제81문

**흑이 먼저 둘 때**

이 그림은 백에게 포위된 흑이 어떻게 하면 백의 세력권으로부터 탈출할수 있을까 하는 것을 주안점으로 한 문제이다.

그다지 어려운 문제는 아니지만, 그렇다고 아무렇게나 풀 수 있는 문제도 또한 아니다.

여기에서도 수순이 가장 중요하다. 제 일착을 어디에다가 두느냐에 따라서 문제의 해답을 쉽게 구할 수 있느냐 없느냐가 결정된다.

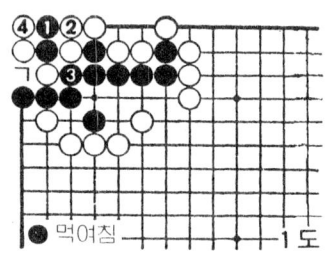 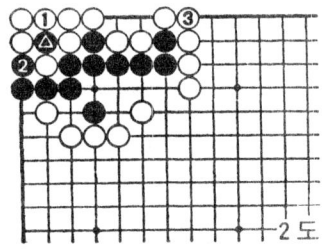

**1 도** (정석)

흑 1, 백 2 부터 흑 5 의 먹어치기까지는 외곬수의 진행이다. 그런데 여기서 흑 3 의 수는 흑ㄱ에 두어도 정석이 된다.

**2 도** (패)

흑⚫는 백 1 로 때리는 한수이다.

흑 2 로 패가 만들어진다. 백 3 일 때 흑은 패를 때린다. 백 은 이을 수가 없으므로 다른 유력한 팻감을 찾는다.

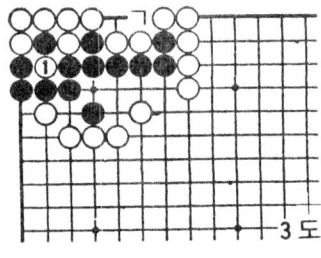 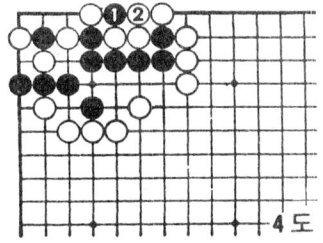

**3 도** (계속)

다른 곳에서 백이 유력한 팻감을 찾아서 그 패에 흑이 응 수하여 백 1 로 패를 되때리면, 다음 백ㄱ으로 흑이 전부 죽게 되므로 흑도 유력한 팻감을 찾을 수 밖에 없다.

**4 도** (실패)

잘못 갔다고 생각해서 수순중 흑 1, 백 2 를 교환하는 것 은 한수가 손해여서 그대로 흑이 패하는 것이다.

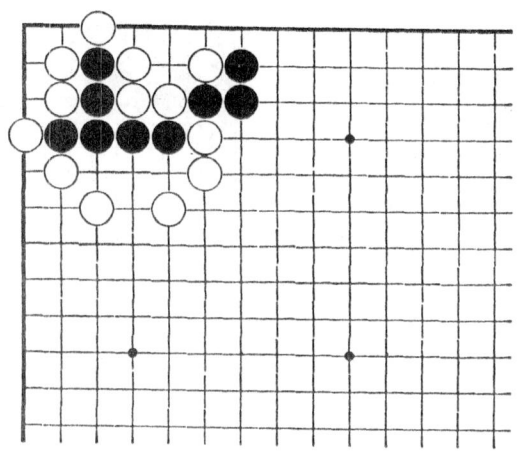

# 제82문

**흑이 먼저 둘 때**

이 그림도 결코 쉬운 문제는 아니다. 그러나 수순만 정확하면 무난히 흑의 삶을 도모할 수가 있다.

수읽기를 하여 보면 어느 곳에다가 첫 착수를 해야 되는지를 금방 알 수 있을 것이다.

흑은 백의 단점을 최대한으로 이용하는 것이 가장 바람직한 방법이다.

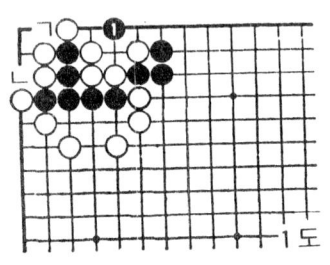

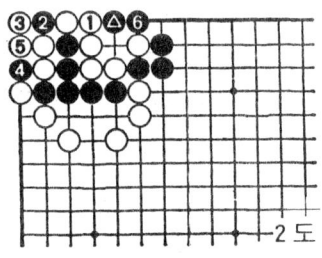

**1 도** (정석)

흑 1 이 정석이다. 여기서는 이 흑 1 이외에 ㄱ이나 ㄴ으로 생각하는 경우도 많을 것이다.

**2 도** (계속)

흑▲에 대해 백 1 로 잇는데 그때 흑 2 가 좋은 수순이다. 백 3, 흑 4, 백 5 는 외곬수이다. 흑 6 으로 뻗으면 백 다섯 점은 연단수로 잡혀버린다.

**3 도** (실패)

흑 1 로 두어서는 실패다.

백 2 의 저항수단이 있어서 백은 패로 응하게 된다. 다음에 흑 ㄱ이면 백ㄴ이고 또 흑ㄷ이면 백 ㄱ이 된다.

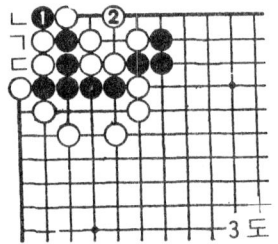

**4 도** (실패)

이 흑 1 도 실패다. 역시 백은 2 의 패를 만들려고 할 것이므로 이하 흑ㄱ, 백ㄴ를 생각할 수 있지만 백은 정해도에 비해 상당한 이득이다.

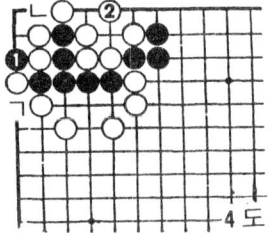

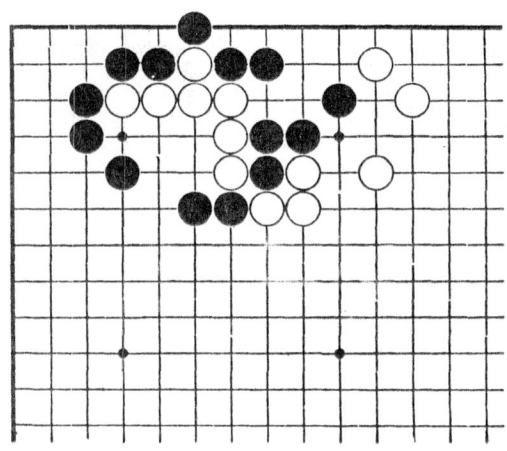

# 제83문

**백이 먼저 둘 때**

상당히 복잡한 모양을 하고 있는 문제이다. 이 그림의 주요 포인트는 흑에게 포위된 백 7 점이 어떻게 하면 오른쪽의 백과 연락을 취할 수 있을까 하는 점이다.

여기에서 방법은 딱 한 가지가 있다. 그 방법을 찾아야 한다.

수읽기를 통하여 적정한 수순을 찾아 보자.

제 일착은 어디에다 두어야 하는가 ?

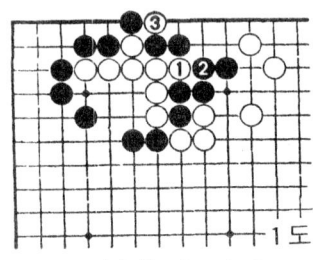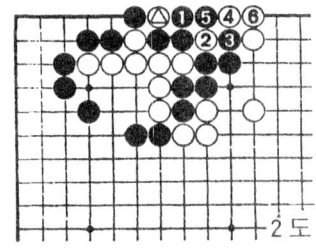

1도 (정석) 백1에 흑2는 당연하다.

백3으로 먹여치는 것이 정석이다.

여기서 2도의 백2와 서로 도우면서 살아난다.

2도 (계속)

백△를 흑1로 때렸을 때, 백2로 끊는 것이 정석의 제2단계이다. 흑3, 백4, 흑5, 백6은 외곬수의 진행이며, 이 것으로 흑 여섯점이 잡힌다.

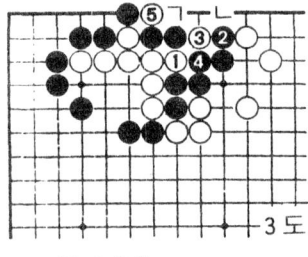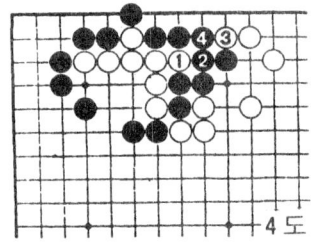

3도 (변화)

백1일 때 흑2로 변화할 수도 있다. 이러한 경우에는 백3이 좋은 수여서 흑4로 뻗으면 백5이다. 흑ㄱ, 백ㄴ으로 2도처럼 된다. 백3으로 4에 두어도 백이 이긴다.

4도 (실패)

백1, 흑2일 때 평범하게 백3으로 두면 흑4로 잇게되어 흑에게 한수 여유가 있게 되므로 실패가 된다.

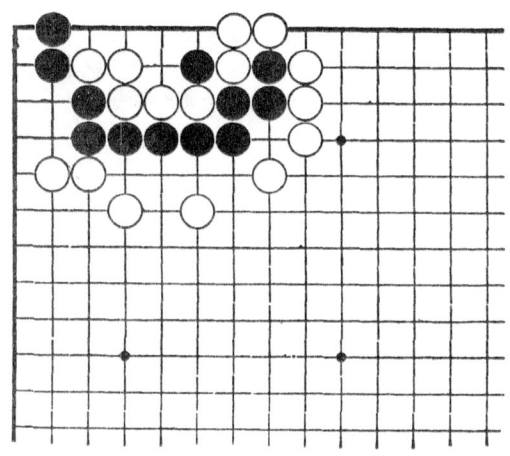

# 제84문

혹이 먼저 둘 때

이 문제는 실전에서도 자주 나타나는 모양이다.
이러한 모양이 전개될 때에는 항상 정석을 찾는
것이 바람직하다.

혹으로서는 현재 백의 품안에 들어있는 혹 한
점을 잘 이용하는 것도 과히 나쁘지는 않다.

넘어가는 수의 묘책을 생각해 보자. 여기에서는
혹이 삶을 도모하는 방법이 여러가지가 있다.

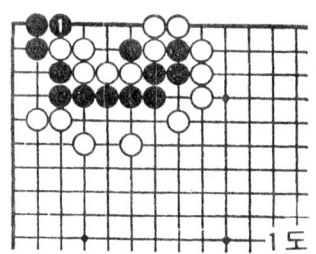

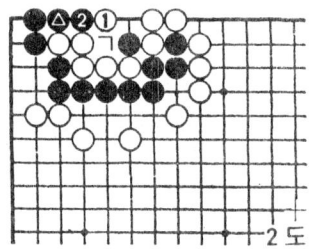

1 도 (원본의 정석)

원본에서는 흑 1 을 정석으로 삼고 있다. 하지만 3 도와 4 도 모두 정석이 된다. 따라서 이렇게 좁은 곳에서 정석이 세 가지나 되므로 문제로는 적합하지 않다.

2 도 (계속)

흑 ❷에 백 1 이다. 흑 2 의 단수(單手)로 몰아 그만이다. 백은 ㄱ으로 이을 수가 없다.

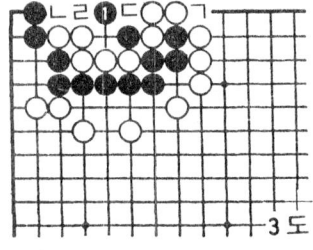

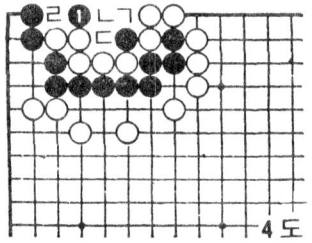

3 도 (정석) 흑 1 역시 정석이다.

백ㄱ, 흑ㄴ, 백ㄷ, 흑ㄹ이 되어 백 다섯점을 때린 부분만은 11집이어서 2도의 흑집과 크기가 같다.

4 도 (정석)

그림의 흑 1 로 두어도 정석이 된다.

이 다음 백ㄱ, 흑ㄴ, 백ㄷ, 흑ㄹ로 된다고 보아 여기서도 백 여섯점을 때린 부분은 흑집 11집으로 크기는 마찬가지다.

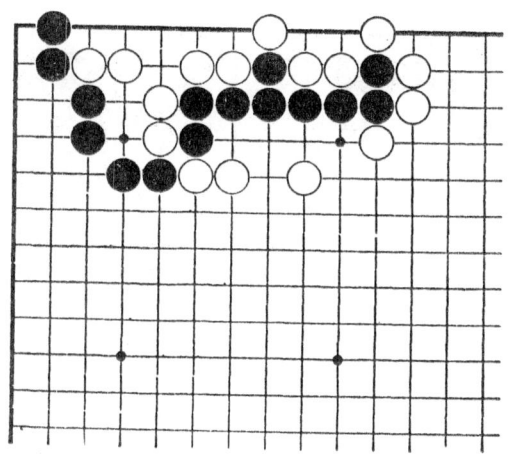

# 제85문

흑이 먼저 둘 때

이 그림은 흑선으로 백의 벽을 부수고 서로 연락을 도모할 수 있느냐 하는 점이 키포인트이다. 언뜻 보면 흑이 도저히 삶을 찾을 수 없을 것 처럼 보인다.

이 문제는 겉보기보다는 상당히 복잡하다. 진행도가 상당히 복잡함은 두말할 나위도 없다. 수읽기를 철저히 한 연후에 올바른 수순을 찾아야 한다.

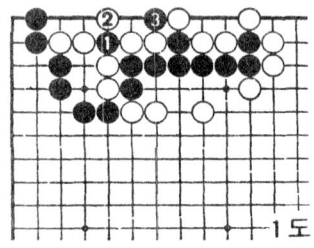

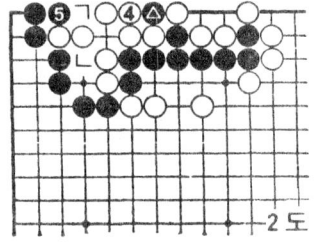

1도 (정석)

흑1, 3이 원본의 정석이다. 그리고 이것 이외의 수는 없
지만,이 다음 4도와 같은 변화를 생각 할 수 있다.

2도 (계속)

흑⚫에 계속해서 백4로 때리면 흑5이다. 이것으로 흑은
ㄱ과 ㄴ을 맞보므로 백의 집을 파괴하는 연단수가 성립한
다. 그런데 이 백4로 5에 두면 4도가 된다.

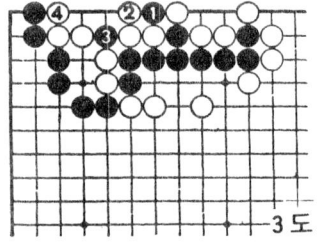

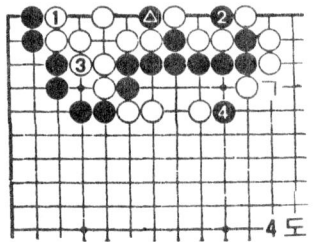

3도 (실패)

먼저 흑1로 끊으면 백2, 흑3이면 백4의 수에 의해서
집이 하나 만들어져서 흑의 실패가 된다.

4도 (변화)

1도 다음 흑⚫를 때리지 않고 백1로 집을 짓는 변화가
있다. 여기서는 흑2, 백3으로 독립해서 산다. 단, 흑4
이하 ㄱ으로 끊는 변화가 있어 이 흑의 탈출이 문제가 된다.

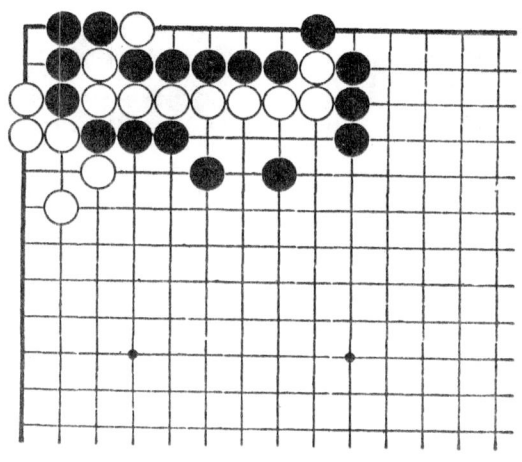

# 제86문

**백이 먼저 둘 때**

언뜻 보기엔 수가 없을 것 같다. 이 문제는 상당히 어려운 문제이다. 만약 이 문제를 막힘없이 풀 수 있는 사람이라면 이는 상당한 실력의 소유자라고 할 수 있을 것이다.

여기에서는 무엇보다도 첫 착수가 중요하다. 처음에 두는 수를 신중하게 잘 두어야 한다.

수읽기를 하여본 연후에 올바른 수순을 찾아 보자.

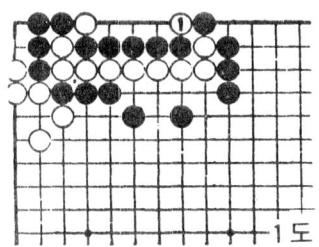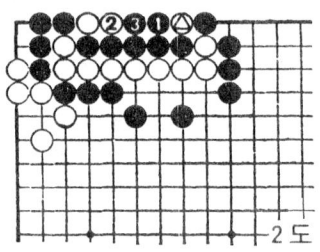

1 도 (정석) 백 1 이 정석이다.

백이 여기서 노리는 것은 연단수로 이끄는 것인데 흑이 집을 만들어 버리면 실패이다. 백 1 로 먹여쳐서 집을 파괴해야 한다.

2 도 (계속)

백△에 흑 1 이다. 백 2 가 또 다시 집을 파괴하는 수법이다. 이 백 2 를 흑 3 으로 매릴 수 밖에 없다.

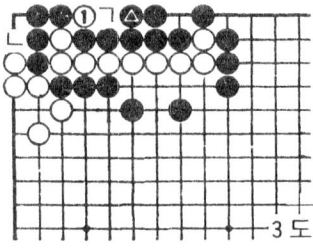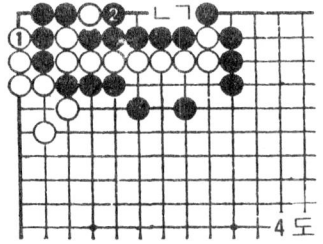

3 도 (계속)

흑△으로 백 두점을 때렸는데 백은 다시 1 의 곳에 먹여쳐 연단수가 성립한다.

이 다음 흑ㄱ, 백ㄴ이다.

4 도 (실패)

처음에 백 1 로 집을 파괴하면 흑 2 로 따낸다. 이 다음 백ㄱ에 두어도 흑ㄴ이면 집이 하나 생겨 백의 실패가 된다.

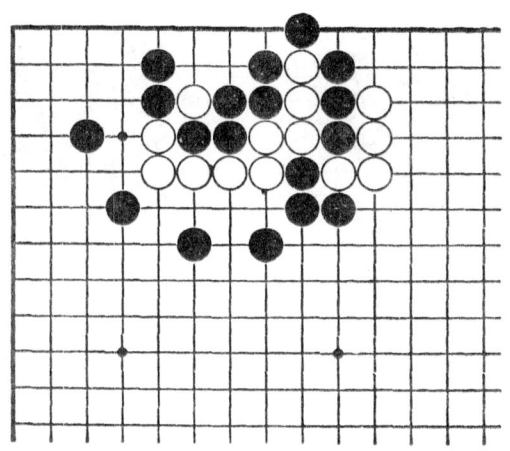

# 제87문

**백이 먼저 둘 때**

이 문제 역시 상당히 어려운 수준급의 문제이다.

단순하게 생각해서는 해답을 선뜻 구할 수가 없을 것이다.

여기에서도 수순이 중요하다. 무작정 밖으로 탈출을 시도한다고 해서 꿈이 이루어지지는 않는다.

이 문제는 약간 특색있는 수순을 필요로 한다.

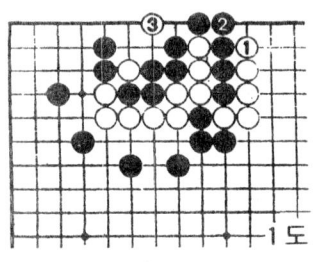

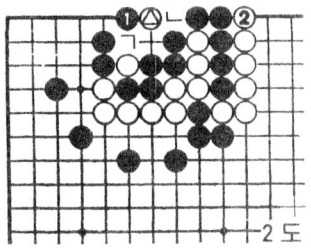

1도 (정석)

백1, 흑2는 당연한 것이다.

다음 흑3이 정석이다.

2도 (계속)

백△는 모양의 급소이다. 흑ㄱ으로 백 한점을 따내면 백 ㄴ으로 뻗으므로, 흑은 그것을 방지해서 흑1로 두는데, 그러면 백은 2로 바깥쪽부터 단수하여 흑 다섯점을 따버린다.

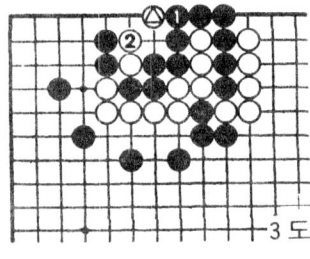

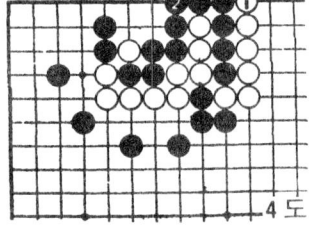

3도 (변화)

2도가 불만이어서 백△에 흑1이면 백2이다. 자충수가 되므로 흑은 △를 비롯한 백 석점을 단수(單手)로 몰 수가 없다.

4도 (실패)

정석의 수순을 알지 못하고 평범하게 백1로 단수해 흑2와 교환하는 것은 상대방의 약점을 보강해 주는 결과가 된다.

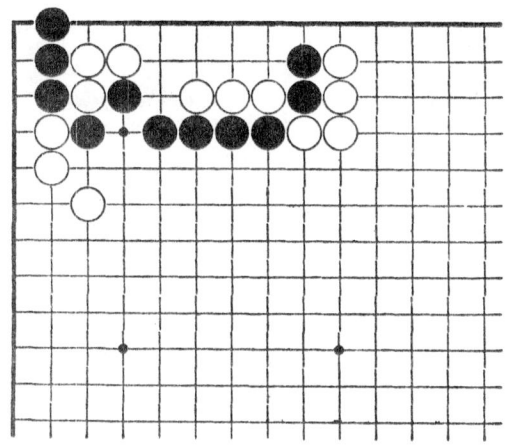

## 제88문

흑이 먼저 둘 때

이 그림은 귀에 갇힌 흑 3점을 과연 구출해 낼 수 있느냐 하는 것을 주안점으로 한 문제이다.

한눈에 보아도 알 수 있겠지만, 흑으로서는 윗 변쪽의 백 6점과 한판 승부를 겨루지 않을 수가 없을 것 같다.

여기에서는 무엇보다도 수순이 중요하므로, 무턱대고 착수해서는 안된다.

첫 착수가 중요하다. 어디에서부터 두어야 할까?

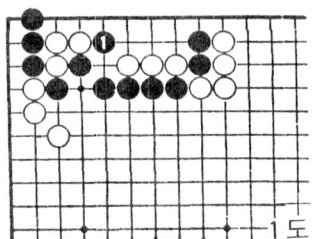

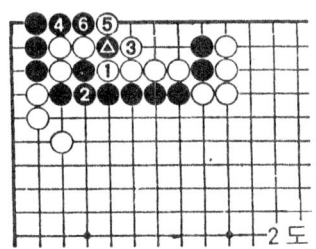

1도 (정석) 흑1이 정석이다.

끊기면 흑 자신이 단수(單手)로 몰리게 되는데 여기서는
이 수외에는 없다.

2도 (계속)

흑▲에 백1, 흑2는 필연적이다.

이 다음 백3일 때 흑4로 진출해 백5, 흑6의 단수(單手)
로 모는 수순으로 좋다.

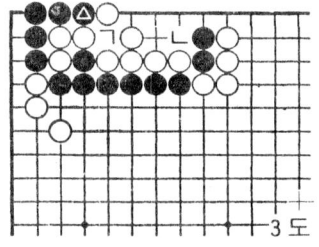

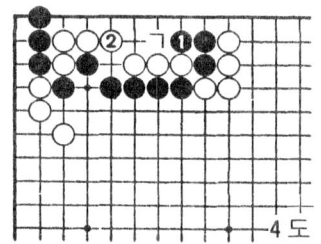

3도 (계속)

흑▲로 백 석점을 단수(單手)로 몰면 백은 ㄱ으로 이을
수가 없다. 백ㄱ으로 이으면 흑ㄴ으로 백이 한수 부족하게
되기 때문이다. 결국 백ㄴ이므로 흑ㄱ으로 흑의 성공이다.

4도 (실패)

흑1에 백ㄱ으로 응수하면 흑2로 정해도와 같이 흑은 살
수 있지만, 백2를 당하면 흑은 죽는다.

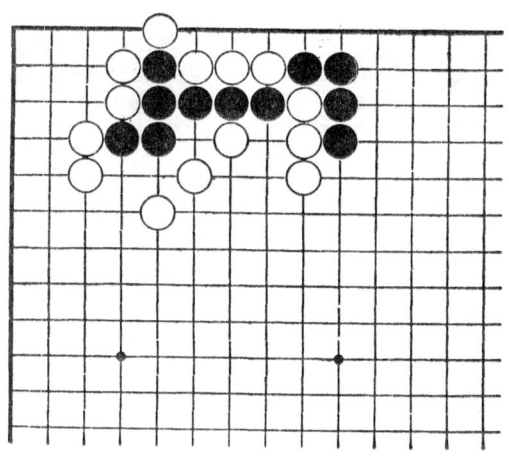

# 제89문

혹이 먼저 둘 때

왼쪽의 혹과 오른쪽의 혹이 합동작전으로 상호 삶을 도모할 수가 있을까?

혹 7 점을 에워싸고 있는 백의 세력은 상당히 강력하다.

이 문제는 실전에서 자주 나타나는 모양이다. 이런 상황에 직면할 경우, 흔히 초보의 단계에 있는 사람들은 아예 포기해 버리는 수가 많다. 그러나 사실 멋진 수가 숨어 있다.

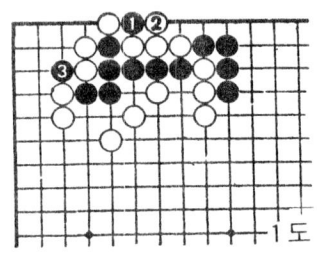

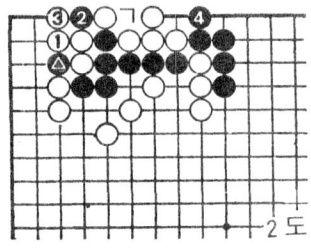

1도 (정석)

혹1, 백2는 필연적이다. 혹3으로 끊는 것이 정석이다. 보통 이렇게 끊는 수에는 손해가 없는데, 그 시기선택이 매우 중요하다.

2도 (계속)

혹●에 백1로 응수할 수밖에 없다. 혹2가 중요한 수로 백3을 기다려서 혹4에 내려서 연단수가 성립한다.

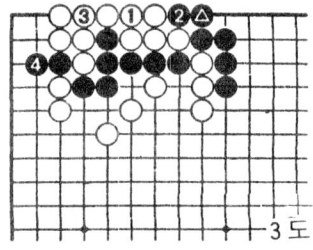

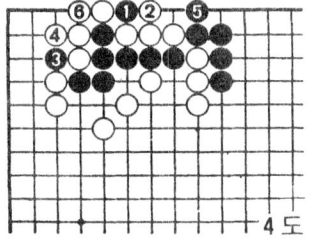

3도 (성공)

혹●에 백1이면 혹2, 백3, 그러면 혹4로 늘어 백은 전부 죽는다. 따라서 실전에서는 백1로 4의 곳을 빵때리고 혹2로 백 넉점을 잡고 살아난다.

4도 (실패)

올바르게 정석의 수순을 밟고서도 혹5에 두면 백6으로 이어버려 혹의 실패가 된다.

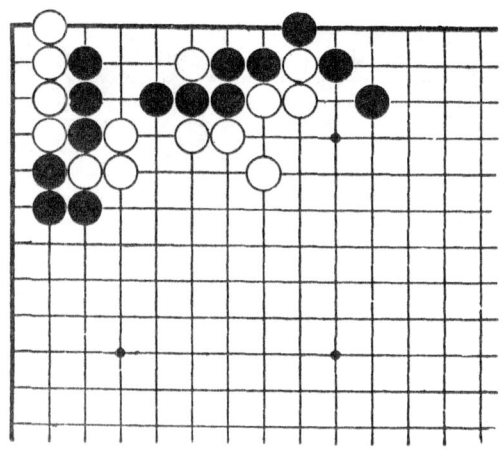

# 제90문

**백이 먼저 둘 때**

이 그림은 흑에 갇힌 백 4점의 안부를 묻는 문제이다.

현재 흑의 외세는 상당히 강력하다. 언뜻 보기에는 백 4점을 포기하지 않으면 안될 것 같다. 그러나 자세히 수를 헤아려 보면 여기에도 수는 있다. 그 수를 찾는 것이 이 문제의 과제이다.

어디에서부터 둘 것인가가 키 포인트이다.

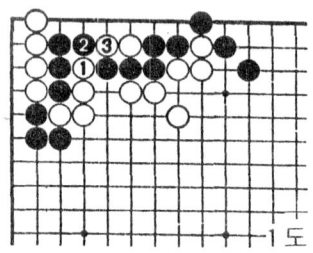

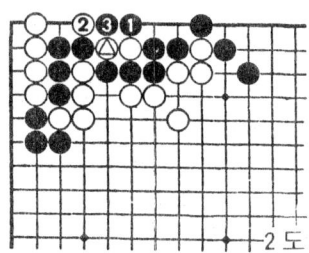

1 도 (정석)

백1, 흑2는 당연한 것으로 여기서 백3으로 끊는 것이 정석이다. 백이 노리고 있는 것은 두점으로 키워 때리게 해서, 때린 자리를 먹여쳐 연단수로 유인하려는 작전이다.

2 도 (계속)

흑1일 때 백2가 중요한 조임수의 시작이다.

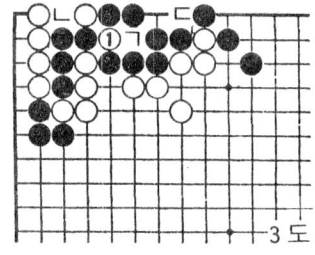

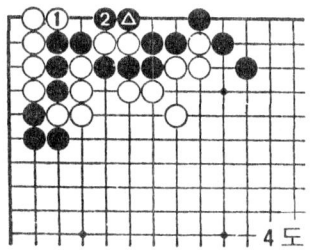

3 도 (성공)

때린 곳을 백1로 먹여치는 것이 결정적인 수이다. 흑ㄱ으로 때리고 백ㄴ, 흑1이음, 그때 백ㄷ으로 뻗어서 좋다. 실전에서는 흑도 1의 곳에 잇지 않을 것이다.

4 도 (실패)

흑△일 때 백1로 뻗어 버리면 흑2로 백 두점을 잡아 이다음 백은 어떻게 할 수가 없게 된다.

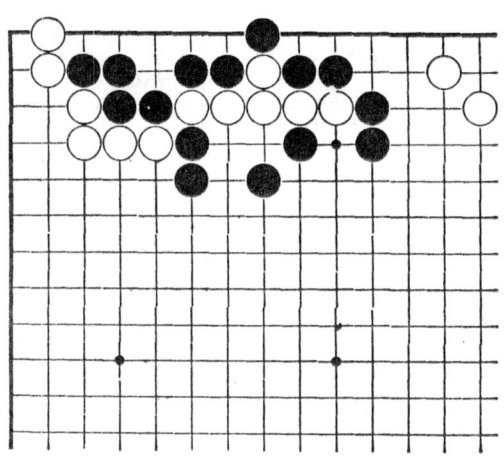

# 제91문

**백이 먼저 둘 때**

혹에게 갇힌 백 6 점의 생사가 경각에 달려있는 모양이다. 어떻게 하면 백의 죽음을 막을 수 있을까?

여기에서 무엇보다 필요한 것은 수순이다. 수순이 올바르지 못하다면 결코 백 6 점을 구출해 낼 수가 없다.

백은 아무래도 윗변의 흑과 열전을 벌리지 않으면 안될 것 같다.

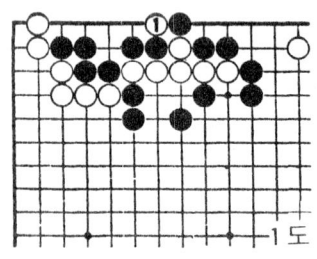 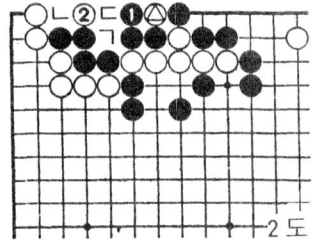

1 도 (정석)

백 1 이 정석이다.

먼저 백 1 로 집을 파괴해야만 연단수가 성립한다.

2 도 (계속)

백△에 흑 1 이다. 그때 백 2 로 흑을 잡는다.

흑ㄱ에 두어도 백ㄴ, 또 흑 1 로 ㄷ에 두면 백ㄴ으로 나가 역시 흑을 잡는다.

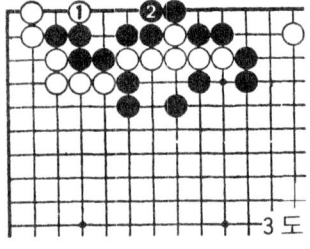 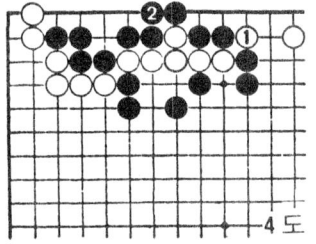

3 도 (실패)

평범하게 백 1 로 붙여 두는 것은 흑 2 의 곳을 잇게 되므로, 이렇게 되면 모든 것이 끝장이므로 주의해야 한다.

4 도 (실패)

백 1 로 끊어도 흑 2 의 이음수를 허용하므로 수싸움을 벌여도 백은 한수가 부족하다.

바로 이 2 의 곳이 흑, 백의 급소라는 것을 알 수 있다.

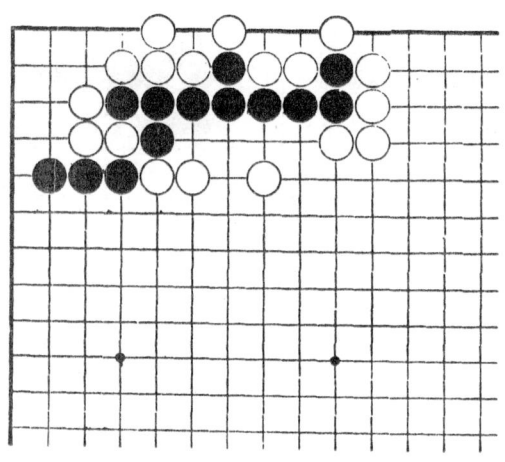

# 제92문

## 흑이 먼저 둘 때

흑이 상당히 불리한 모양이다. 백의 외세가 의외로 튼튼하다. 여기에서 과연 흑선으로 백의 벽을 허물고 삶을 도모할 수가 있을까?

흑으로서는 백의 단점을 찾아 공격할 수 밖에 없다.

그렇다면 백의 단점은 어느 곳이며, 흑의 맥점은 어느 곳인가?

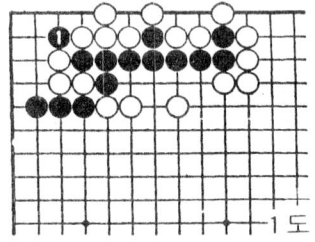

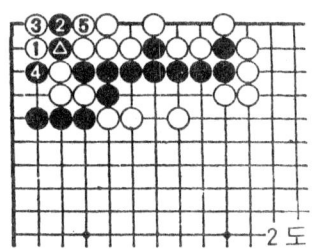

1도 (정석)

흑1이 정석이다.

무조건 흑1로 끊어야지 그렇지 않으면 백을 잡지 못한다.

2도 (계속)

흑▲를 백1로 단수하면 2로 내려선다. 백3에 흑4하여 흑 두점을 때리도록 강요한 다음, 이런 모양에서 즐겨쓰는 수단인 먹여치기를 사용한다.

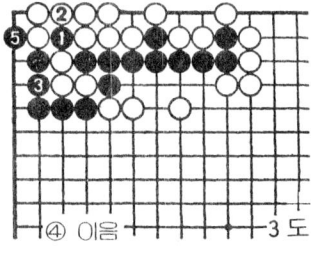

④ 이음

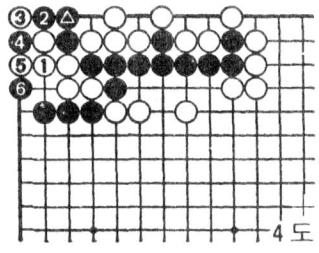

3도 (계속)

백이 흑 두점을 따냈을 경우 흑은 1의 곳에 먹여친다.

백2, 흑3, 백4로 이으면 흑5로 흑이 이기므로 실전에서는 백4로 5에 두는 것이 고작일 것이다.

4도 (패)

흑▲일 때 백은 1로 이어 저항한다. 흑2, 백3, 흑4일 때 백5로 막아 패로 만든다. 백은 흑6에 패때림.

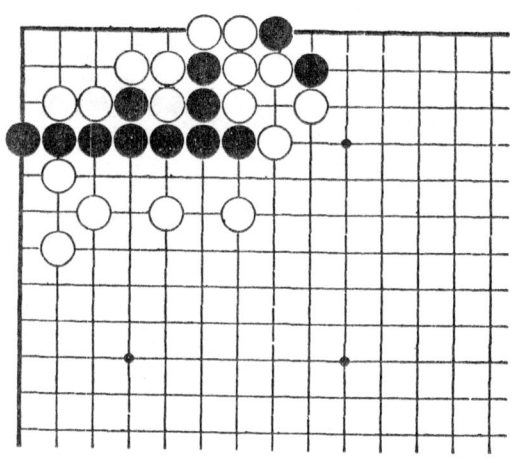

# 제93문

흑이 먼저 둘 때

이 그림은 상당히 어려운 문제이다. 만약 이 문제를 막힘없이 풀 수 있는 사람이라면 상당한 실력의 소유자라고 보아도 될 것이다.

흑은 끊음수를 이용하여 백의 급소를 강타할 필요가 있다. 여기에서는 흑의 전격 작전이 필요하다. 강력한 전투여야만이 백의 벽을 허물고 흑이 삶을 도모할 수가 있다.

자, 그러면 적정한 수순을 찾아 보자.

1도 (정석)

흑1이 정석의 제1단계이다.

이렇게 끊어야만 흑은 살 길이

열리게 된다.

흑1로 끊어 백을 자충수로 끌

어낸다.

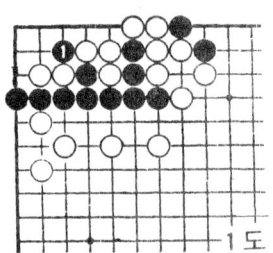

2도 (계속)

흑▲에 대해 백1로 단수친다.

백1로 4의 곳을 이으면 흑1하

여 무조건 살아 버리므로 백도

이외에는 도리 없다. 백1로

3에 두면 흑2하여 역시 백1,

흑4의 진행이 된다.

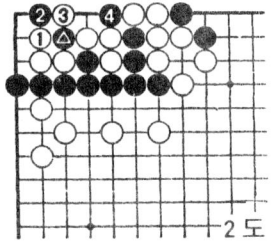

3도 (계속)

흑▲를 백1로 때렸을 때 흑2하여 패로 저항한다. 흑이

패로 몰고가면 결국 백ㄱ, 흑ㄴ으로 연단수가 성립한다.

4도 (실패)

흑이 수순을 잘못해서 흑1로 단수하면 백2, 흑3으로 젖

혀도 백4를 당하여 흑은 전부 죽는다.

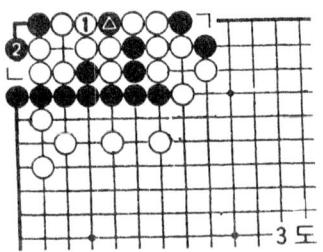

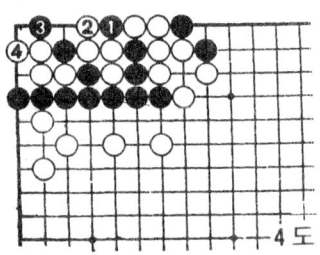

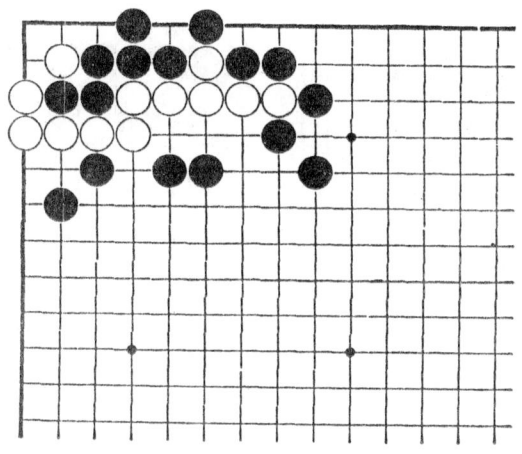

# 제94문

**백이 먼저 둘 때**

이 문제는 그다지 어렵지 않다. 수읽기의 능력이 있는 사람이라면 금방 적정한 수순을 찾아낼 수 있을 것이다.

흑에게 포위된 백이 삶을 도모하기 위해서는 무엇보다도 올바른 수순을 찾아내어 강타하지 않으면 안된다.

이 문제의 묘책은 귀에서 찾는 것이 바람직하다. 귀의 어느 곳이 제일착의 점인가?

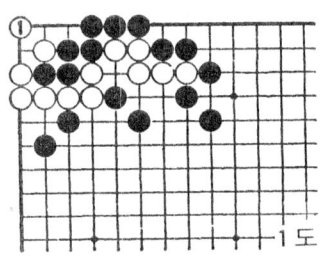
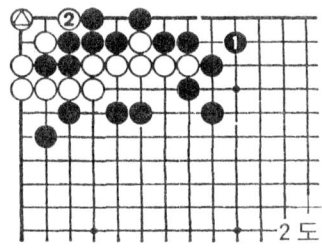

1 도 (정석)

백 1 이 정석이다.

여기서 이 수외에는 백이 살아날 수단은 없다.

2 도 (계속)

흑은 연단수를 예방하기 위해 흑 1 로 두는 정도이다. 백 2 로 먹여쳐 패가 만들어진다.

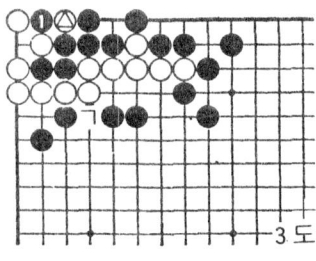
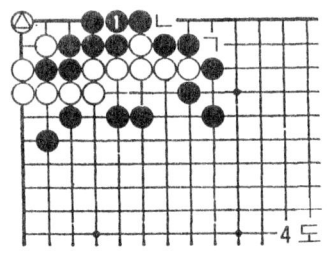

3 도 (패)

2 도 다음 백△를 흑 1 로 때려서 패가 되는데, ㄱ같은 팻감이 있으므로 가볍게 죽지 않는다.

4 도 (나쁨)

백△일 때 흑 1 로 잇는 것은 손해다. 이러한 곳은 처음에 ㄱ, 두번째 ㄴ, 세번째 1 의 순서를 취해야지 그렇지 않으면 손해를 본다. 패에 이기건 지건 상관없이 손해보는 수이다.

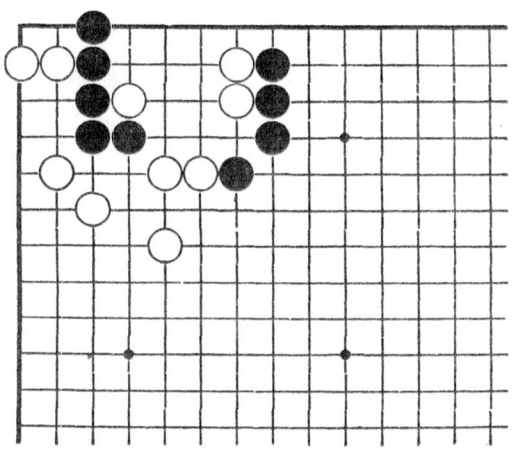

# 제95문

**흑이 먼저 둘 때**

흑선으로 좌우 연결을 취할 수 있을까?

왼쪽의 흑이 아직은 여러모로 불비한 상태이다. 우선 모양을 취하지 않으면 안된다.

여기에서 흑은 상대방을 위협하면서 넘어가는 방책을 취하는 것이 보다 현명할 것 같다.

수읽기를 하여본 다음 신중한 수순을 진행해 보도록 하자.

백의 약점은 없는가도 생각해 보자.

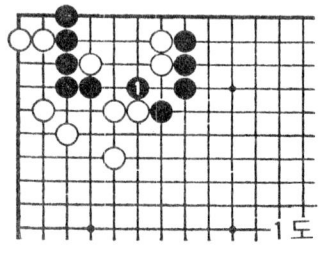
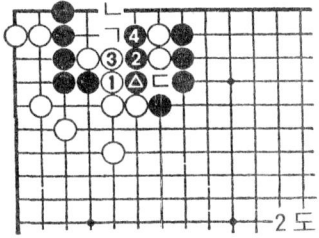

1도 (정석)

흑1이 정석이다.

이로 인해 흑은 안정을 취하게 된다.

2도 (계속)

흑▲에 백1하면 흑2, 백3, 흑4로 왼쪽과 오른쪽이 연결된다. 백ㄱ에 두면 흑ㄴ이 된다. 백1로 ㄷ에 두어도 흑2로 그만이다.

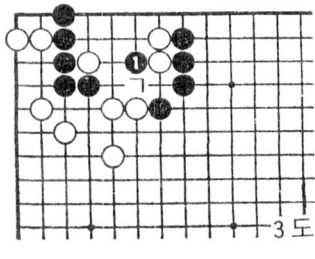
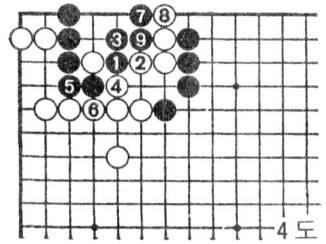

3도 (다른방법)

흑1로 두어도 넘어갈 수는 있지만 이것은 백ㄱ의 저항을 받을 염려가 있어서 정해도와 비교할 때 좋지 않다는 것을 알 수 있다.

4도 (소극적)

정석인 넘는 수를 알지 못하고 이 처럼 흑1 이하로 두어 안정이 되었다고 안심하는 것은 좋지 않다.

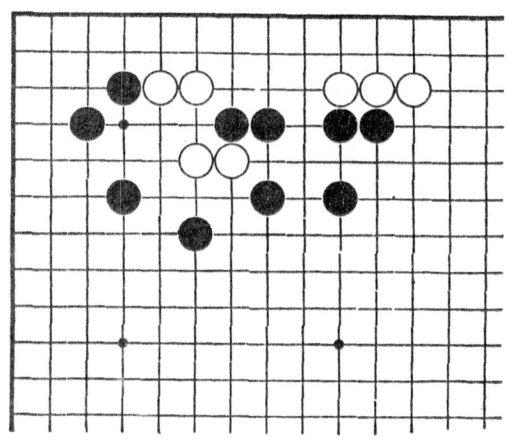

# 제96문

**백이 먼저 둘 때**

이 문제는 상당히 어렵다. 평범한 수순으로는 결코 왼쪽과 오른쪽의 백이 연락을 취할 수가 없다.

묘수를 찾아야 한다. 백으로서는 끊는 맥점도 생각해볼 만하다.

제 일착은 어디에다 두어야 할까?

소홀히 생각하지 말고 신중을 기하여 정확한 맥수를 찾아 보자.

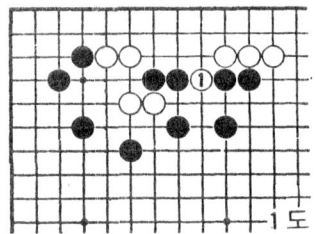

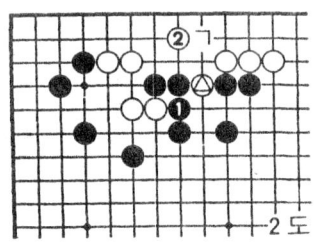

1 도 (정석)

백 1 로 끊는 것이 정석이다.

이 백 1의 젖힘 수가 왼쪽과 오른쪽을 연결하는 발판이 된다.   이 수가 없으면 윗변은 세 칸이므로 실패다.

2 도 (계속)

백△에는 흑 1 이 필연적이다.

이에 대해서 백 2 로 넘는다.

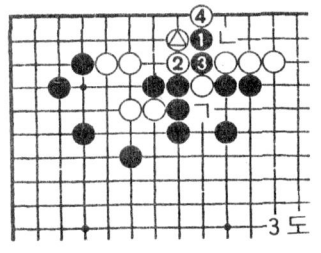

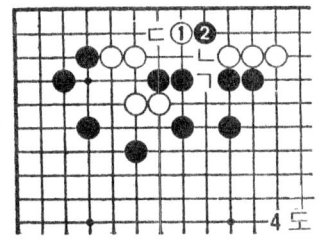

3 도 (계속)

백△에 대해 흑 1 로 막으면 다음에 백 2, 흑 3, 백 4 로 넘는다. 흑ㄱ으로 따내면 백ㄴ으로 그만이다.

4 도 (실패)

수순을 올바르게 하지 않으면 그대로 실패해 버린다. 다시 말해서 백 1 과 흑 2 를 교환하고 백ㄱ에 두면 흑ㄴ을 당하고, 백ㄴ이면 흑ㄷ으로 실패다.

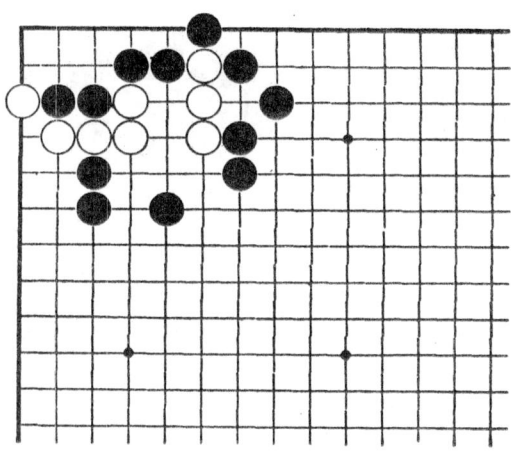

# 제97문

## 백이 먼저 둘 때

이 문제는 그다지 어려운 문제는 아니지만, 그렇다고 무조건으로는 살지 못한다. 한 가지 주의할 것은, 백으로서는 너무 무리하게 두어서는 오히려 좋지 않다는 것이다.

백은 귀의 흑과 한 판 승부를 걸어보는 것도 가히 나쁘다고는 할 수 없다. 백이 만약 귀에서 패를 만들 수만 있다해도 큰 성과인 셈이다.

자, 그렇다면 어떻게 두어야 할까?

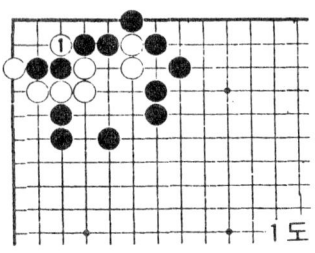

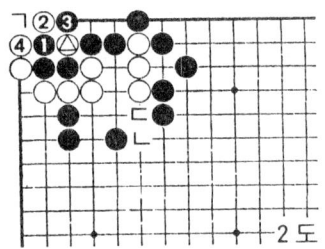

**1도 (정석)**

이곳을 끊어서 흑을 자충수로 유인해 패로 만들려는 작전이다.

**2도 (계속)**

백△에는 흑1인데 백2로 2의1의 곳을 이어서 패가 만들어진다. 흑3, 백4, 흑ㄱ으로 패를 때린다. 이 다음 백ㄴ, 흑ㄷ, 백2로 진행된다.

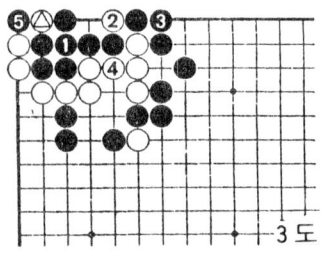

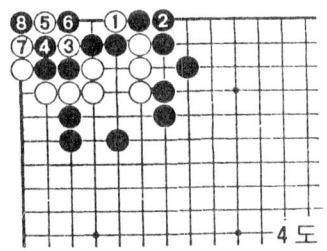

**3도 (계속)**

백△로 패를 때리고 나서 흑1로 잇는다. 백2, 흑3, 백4에 흑5로 되때려서 본패가 만들어질다.

**4도 (변화)**

처음에 백1로 두어도 결국은 패가 되므로 마찬가지라고 생각하겠지만, 백1과 흑2를 교환하는 것은 손해이다.

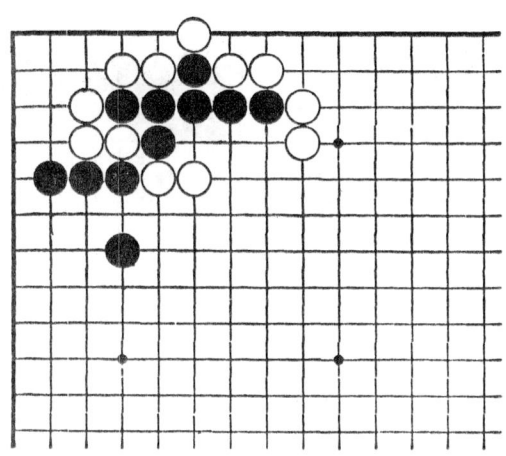

# 제98문

**흑이 먼저 둘 때**

언뜻 보면 쉽게 백의 세력권으로부터 탈출할 수
가 있을 것처럼 생각될른지도 모른다. 그러나 이
문제는 의외로 상당히 어려운 문제이다.

일반적으로 사용되는 단순한 맥을 이용해서는
결코 삶을 도모할 수가 없다.

보다 신중한 수순을 강구해야 한다. 여기에서는
첫 착수가 중요하다.

자, 올바른 수순은 ?  수읽기를 하여 보자.

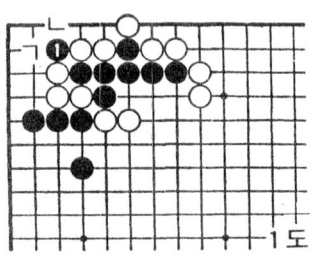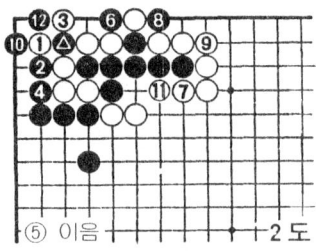

1도 (정석)

혹1의 끊음이 정석이다. 혼한 맥이라 해서 백ㄱ에 혹ㄴ으로 내려서면 4도가 되어 실패로 끝난다.

2도 (계속)

혹△에 백1, 혹2부터 4로 조이는 것이 좋다.

백5로 이었을 때 혹6부터 혹12로 먹어쳐서 패가 된다. 백7로 10의 곳에 내려선다.

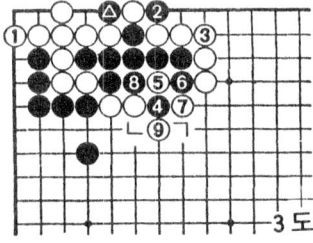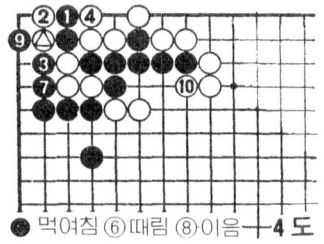

3도 (변화)

혹△(2도의 백6)에 대해 백1로 두는 변화도 있다. 혹2부터 백9일 때 혹ㄱ 또는 혹ㄴ으로 패가 만들어진다.

4도 (실패)

백△일 때 혹1로 내려서서는 것은 실패다. 백2, 혹3, 백4, 혹 먹여치기. 백1, 혹7, 백 이음, 혹9는 백10까지로 혹의 패배다.

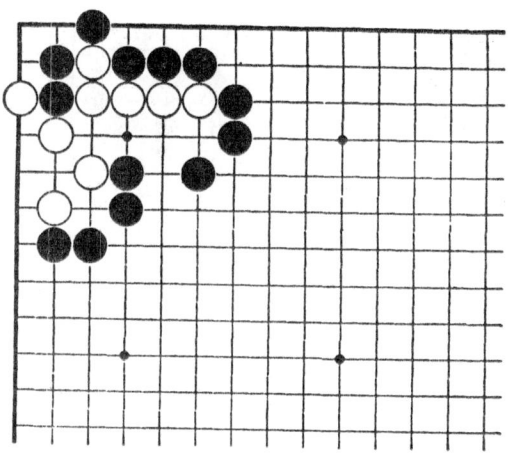

# 제99문

**백이 먼저 둘 때**

현재 백은 거의 완벽하게 흑으로 둘러싸여 있다. 언뜻 보면 백이 가망성 없는 돌처럼 보인다.

그러나 여기에서도 수는 있으므로, 첫수부터 마지막 수까지 수읽기를 하여 보자.

끊는 수 또는 먹여치는 수 등, 갖가지로 탈출할 수 있는 수순을 연구하여 보도록 하자. 여기에는 수읽기가 절대적으로 필요하다. 과연 첫착수는 어디에다가 두어야 하는가?

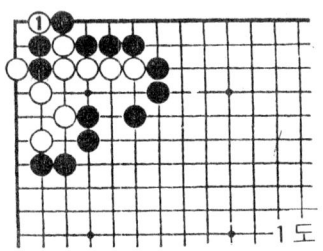

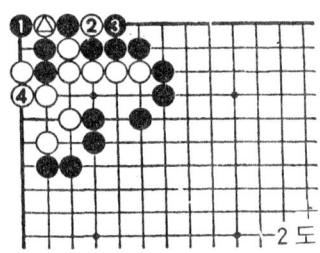

1 도 (정석)

백 1 이 정석이다.

이 백 1 외에는 백이 살아나지 못한다. 이 백 1 과 2 도의 백 2 가 중요한 수순이어서 흑을 자충수로 유인한다.

2 도 (계속)

백 △ 를 흑 1 로 때렸을 경우 백 2 가 중요한 먹여치기이다. 흑 3 으로 때려 백 4 로 이으면 흑은 △ 의 곳을 이을수가 없다.

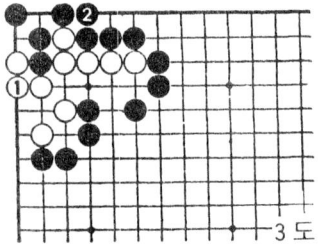

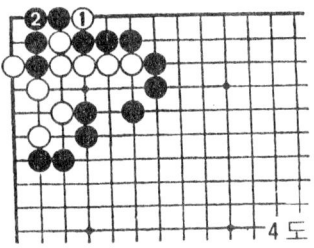

3 도 (실패)

2 도의 백 2 로 먹여치지 않고 이렇게 백 1 로 이으면, 흑 2 의 곳을 이어버려 백은 더 이상 어떻게 할 수가 없어 전부 죽게 된다.

4 도 (실패)

백 1 로 이으면 백이 수순을 잘못해서 일어난 실패다.

흑 2 로 이으면 백은 그대로 죽는다.

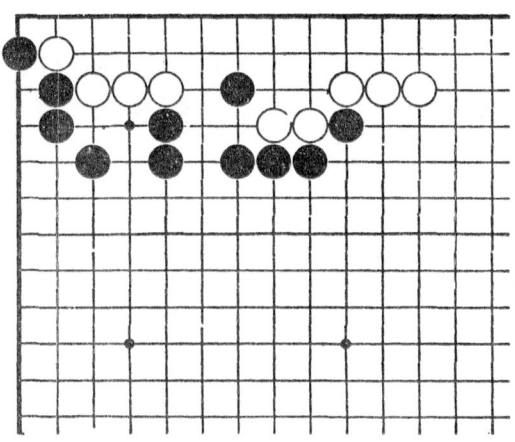

# 제100문

**백이 먼저 둘 때**

중앙의 흑 한 점에 의해서 백은 좌우로 나뉨을
당하고 있다.

언뜻 보면 양쪽의 백이 수월하게 넘어갈 수 있
을 것 같다. 그러나 수를 찾지 못하면 결코 수월
하지 않다.

이 문제는 사실 상당한 수준급의 문제이다. 소
홀히 생각하다가는 실패하기 딱 알맞다.

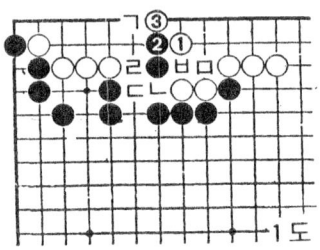

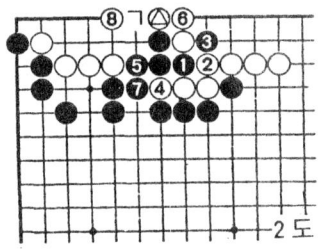

1 도 (정석)

백 1, 흑 2, 백 3이 올바르다.

여기서 흑ㄱ일 경우 백ㄴ, 흑ㄷ, 백ㄹ이 되어 흑ㅁ으로 끊어도 백ㅂ으로 이을 수 있는 것은 백 3이 있기 때문이다.

2 도 (계속)

다음 백△에 흑 1이면 백 2이다. 흑 3, 백 4 다음 흑 5 하면 백 6으로 잇고 흑 7에는 백 8로 넘는다.

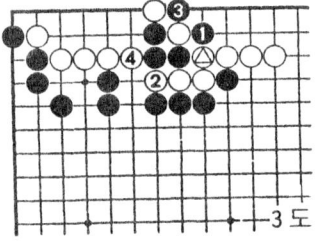

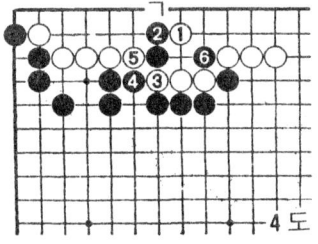

3 도 (변화)

백△(2도의 백 2)일때 흑 1, 백 2로 나갈 경우 흑 3으로 따내면 백 4로 뻗는다. 백이 유리한 수싸움이므로 흑은 백을 끊을 수가 없다.

4 도 (실패)

백 1, 3에 흑 2, 4. 백 5는 흑 6으로 끊어서 좋다.

백 3으로 나가기 전에 ㄱ으로 젖혀 두는 수순이 중요하다.

판 권
본 사
소 유

## 28.달아나지 말고 넘어가라

2019년 7월 15일 인쇄
2019년 7월 30일 펴냄

옮긴이/ 프로바둑연구회
펴낸이/ 최  상  일
펴낸곳/ 태 을 출 판 사
서울특별시 중구 동화동52-107 (동아빌딩내)
등록/1973년 1월 10일(제4-10호)

* 잘못된 책은 구입하신 곳에서 교환해 드립니다.

■주문 및 연락처

우편번호 100-456
서울특별시 중구 동화동 52-107 (동아빌딩 내)
전화 / 2237-5577  팩스 / 2233-6166
ISBN 89-493-0345-0      13690

# "당신의 바둑실력이 두 배로 는다./!"

## 최신판.!! 프로바둑강좌시리즈

'머리의 바둑'은 '공격을 겸한 방어'이자, '방어를 위한 공격'이다.!!